# 십자가와 나

**BONE OF HIS BONE**
by F. J. Huegel

This Korean edition ⓒ 1979, 1999, 2014 by Word of Life Press, Seoul, Korea
All rights reserved.
Printed in Korea.

# 십자가와 나

ⓒ 생명의말씀사 1979, 1999, 2014

1979년 11월 15일  1판  1쇄 발행
1996년  6월 30일        9쇄 발행
1999년  6월 20일  2판  1쇄 발행
2014년  3월 20일       15쇄 발행
2014년  6월 30일  3판  1쇄 발행
2024년  2월 27일        6쇄 발행

펴낸이 | 김창영
펴낸곳 | 생명의말씀사

등록 | 1962. 1. 10. No.300-1962-1
주소 | 서울시 종로구 경희궁1길 6 (03176)
전화 | 02)738-6555(본사) · 02)3159-7979(영업)
팩스 | 02)739-3824(본사) · 080-022-8585(영업)

기획편집 | 박영경
디자인 | 송민재
인쇄 | 예원프린팅
제본 | 다인바인텍

ISBN 978-89-04-16465-3 (03230)

저작권자의 허락없이 이 책의 일부 또는 전체를
무단 복제, 전재, 발췌하면 저작권법에 의해 처벌을 받습니다.

# 십자가와 나

## BONE OF HIS BONE

F. J. 휘걸 지음 | 서문강 옮김

생명의말씀사

**서 문**

복음을 전하는 사명을 가진 자로서 꼭 해야 하는 일이 있다. 장애를 무릅쓰고 어둠에 사로잡힌 영혼들에게 새날을 열어주는 것이다. 그래야만 하나님과 교회가 기대하는 것을 실천할 수 있으며, 보내신 곳의 절박한 필요를 채울 수 있다. 그러려면 우리는 늘 그리스도의 능력을 더욱 깊고 충만하게 받아야 한다. 제자들을 통해 모든 시대에 걸쳐 불가능한 일들을 성취하신 그리스도와 연합되어야 한다. 또 단순히 역사 속 그리스도를 아는 것에 그치는 지식적 수준을 넘어서야 한다. 그리하여 영적 덩굴손을 높게 뻗어 영원한 그리스도에 합하여 하나님의 생명을 받아들여야 하는 것이다.

이 일에는 초자연적인 힘이 필요하다. 아무리 고상하고 강하며 또 많이 배웠더라도, 인간은 불충분하고 부적절하다. 마치 석탄 한 덩어리로 북극 전체의 눈보라를 녹이려는 시도만큼이나 부족하기만 하다. 자연적인 것을 넘어 우리는 반드시 초자연적인 것에 깊이 빠져야 한다. 그리고 내주하시는 그리스도의 능력을 체험해야 한다. 자기 자신의 생명을 버리고 하나님의 생명을 충만히 가져야 한다. 자신의 가장 깊은 속에서 흘러나오는 "생수의 강"(구세주께서 제자들에게 하신 약속)만이 그곳 사람들에게 새로운 삶을 줄 수 있음을 알아야 한다.

어쩌면 그는 본성 탓에 믿음의 외로운 고지로 나아가지 않으려 할 수도 있다. 기독교의 신비적 요소들에 반감을 품을 수도 있다. 그를 둘러싼 환경은 기독교의 덕목들을 단순히 지적으로 아는 것을 넘어 구속의 은혜를 체험하는 깊은 바다로 나아갈 수 없게끔 방해를 일삼을 것이다. 그에게 그리스도가 어떤 실체보다 더 실제가 되지 않으면, 또 그리스도께 나아가 그분 속에 잠기었다가 그의 능력을 얻어 다시 올라오지 않으면, 그는 그 환경의 속성 때문에 패배할 수밖에 없기 때문이다. 그가 극복해야 할 악의 세력은 바다의 파도에 맞서 난공불락으로 서 있는 지브롤터의 요새만큼이나 강력하게 그의 목적을 파괴하고 메시지를 뒤집어버릴 것이다.

이 책은 필자가 십자가와 복음을 전하는 자로서 굳게 지키고 있는 것에 대한 간단한 개요라고 할 수 있다. 나는 모든 나라와 모든 지역의 그리스도인 가운데 계시는 그리스도와 그 복된 체험들을 나누고 싶다. 그리스도께 깊이 참여함으로 내 것이 된 그 측량할 수 없는 보배들을 나누기 원한다. 나는 그리스도와 하나 됨의 결과인 말로 표현할 수 없는 체험들을 교회의 공동 소유로 만들기 원한다.

선교사는 그들이 처한 특수한 상황 때문에 다른 어떤 사람들보다도 더 그리스도 없이는 아무것도 할 수 없다는 것을 깨닫는다.

이 메시지를 책으로 펴내면서 펜 루이스 부인의 은혜에 감사드리지 않을 수 없다. 십자가의 깊은 의미에 관한 그녀의 글들과, 그리스도의 죽음과 부활에 믿는 자들이 연합한 것이 현재 우리 교회에 얼마나 큰 의미를 지니는지를 배우며 큰 도움을 입었다. 하나님께서는 그녀의 저서를 사용하셔서 나를 그리스도 안에 있는 승리의 자리로 인도하셨다. 이 책의 메시지도 그것을 밝힐 것이다.

이 책을 읽는 독자들이 그리스도와 더 깊이 하나 되는 체험을 하는 은혜를 받기를 바라며 기도한다. 그래서 그들의 기쁨이 "말할 수 없는 영광"이 되는 기쁨이길 바란다. 또한 그들이 "모든 지각에 뛰어난 평강"을 가지기를 바라며, 그들의 생명이 하나님의 보좌에서 나오는 영원하고 "풍성한 생명"이 되기를 바란다. "성도들"을 세우고 주의 이름을 영화롭게 하는 데 사용하시도록 이 메시지를 주의 제단 앞에 드린다.

— F. J. 휘걸

Contents

서문 _5

Chapter 1  그리스도인의 삶, 우리는 흉내만 냈다   _11
부끄러운 그리스도인의 현재 | 우리에게 없는 필수적인 것들 | 충격적인 딜레마 | 방법은 있다

Chapter 2  그리스도의 십자가에 참여하다   _25
위대하고 놀라운 원리 | 자연적인 것, 정상적인 것에 대한 죽음 | 우리가 훼손한 십자가 | 그리스도의 사명에 관한 우리의 오해 | '옛 자아'를 죽이는 강력한 힘

Chapter 3  자유롭게 하는 진리를 만나다   _45
본성의 바퀴에서 탈출하기 | 그리스도 안에서의 우리의 죽음 | 가장 높은 지혜의 방법 | 교회에 힘이 없는 이유 | 우리가 다시 배우는 진리

Chapter 4  바울의 고백을 듣다   _63
바울에게 가장 중요했던 것 | 갈보리의 깊은 의미 | '참여'에 대한 바울의 생각

Chapter 5  그리스도의 부활에 참여하다   _79
참여함의 의미 | 놀랍고 영광스러운 진리 | 우리 안에 역사하는 능력 | 다시 태어나기

Chapter 6  그리스도의 승천이 우리의 승천이 되다   _91
그리스도의 승천까지도 내 것일까? | 우리의 승천이 실제가 되다

Chapter 7  그리스도의 승리가 우리의 승리가 되다   _103
우리의 원수를 상대하기 | 사랑의 계획 | 흔들리지 않는 원리 | 어둠을 주관하는 자에 관하여 | 사탄이 노리고 있는 터전 | 자유롭지 못한 자들을 위한 제안

Chapter 8  그리스도의 고난이 우리의 고난이 되다   _125
여러 번 강조되는 사실 | 다시 갈보리로 | 고난과 고통의 낙원

Chapter 9  그리스도의 다시 오심에 참여하다   _137
너무나 어렵고 이해하기 힘든 이야기 | 끝나지 않은 그리스도의 사역 | 단 하나의 분명한 사실

Chapter 10  허드슨 테일러의 이야기   _147
그의 삶을 바꾼 것 | 원리를 깨달은 선교자

Chapter 11  교회, 선교, 기도에 영향을 주다   _161
교회에 영향을 주다 | 선교에 영향을 주다 | 기도에 영향을 주다

## Chapter 1

# 그리스도인의 삶, 우리는 흉내만 냈다

우리가 시작할 때에 확신한 것을 끝까지 견고히 잡고 있
으면 그리스도와 함께 참여한 자가 되리라

(히 3:14)

## 부끄러운 그리스도인의 현재

성경을 공부하게 되면 반드시 큰 충격을 받을 것이다. 그리스도인인 우리의 삶과 주님이 주신 이상적인 삶 사이에 엄청난 차이가 있기 때문이다. 그 둘은 난감할 정도로 다르고 또 틀리다. 때문에 신약성경을 몇 장밖에 들여다보지 않은 이들, 말씀을 피상적으로만 아는 이들까지도 모두 충격을 받는다. 아무리 믿음이 적은 사람이라도 놀랄 수밖에 없다.

사도들이 제시한 그리스도인의 삶에 오늘날 우리가 그리스도인이라는 이름으로 살아가는 삶을 비추어 보게 되면 무척 당황스럽다. 마치 죽어가는 이의 연약한 몸과 건강하고 씩씩하던 시절의 몸을 비교하는 것처럼 그 둘은 극명하게 대조된다. 현대 그리스도인을 비판하려는 것이 아니다. 나는 교회와 다툴 생각이 전혀 없다. 나는 십여 년 동안 십자가의 선교사였으며 이 직분을 버릴 생각이 없다. 내가 그리스도인들의 잘못을 지적하는 유일한 목적은, 자신의 영적 궁핍 상태를 인식하게 하고 "의에 주리고 목마른" 자가 되게 하여 그리스도 안에 있는 승리의 삶을 보여주려는 것이다.

내가 가진 메시지는, 충성스럽게 주님의 형상을 드러내려 노력하지만 자신에게서 드러나는 흉악한 모습 때문에 절망에 이른 그리스도인들을 위한 것이다. 생명수에 대한 갈급함이 채워지기는커녕 오히려 자신을 소진하여 갈망으로 병들게 된 자들을 위한 것이다. 그래서 나는 풍성한 삶의 비밀, 즉 주님께서 믿는 자는 그 배에서 "생수의 강"이 흘러넘치리라고 말씀하신 생명의 비밀을 보여주려 한다. 그리스도인 흉내 내기에 넌더리가 난 사람, 은밀한 자기혐오에 휩싸인 사람, 그리스도인으로서 죄의 권세에서 벗어나야 한다고 생각하는 사람, 열심히 노력하지만 패배감으로 좌절하는 사람, 이런 이들에게 십자가의 메시지를 전하기 원한다. 위로부터 오는 능력을 갈망하는 자들, 살아 계신 하나님의 성령으로 채워진 삶과 섬김, 사역과 설교를 갈망하는 자들을 위해 새날을 열어줄 말씀을 전하고 싶다.

## 우리에게 없는 필수적인 것들

본론으로 들어가기에 앞서 그리스도인의 삶에 필수적인 것들을 간단히 요약해보겠다.

우리는 예수님이 행하신 것처럼 행해야 한다(요일 2:6).

우리는 원수를 사랑해야 한다(마 5:44).

우리는 예수님이 용서하신 것처럼 용서해야 한다. 십자가의 수치와 고통 속에서 자기를 조롱하는 자들을 내려다보시면서 용서하셨던 주님처럼 용서해야 한다(골 3:13).

우리는 우리를 미워하는 자들을 향해 적극적으로 친절을 베풀어야 한다. 우리를 이용하려는 사람들을 위하여 적극적으로 기도해야 한다(마 5:44).

우리는 넉넉히 이기는 자가 되어야 한다(롬 8:37).

또한 우리는 모든 것들, 심지어 우리의 가장 큰 소망을 망쳐 버리는 것들까지도 합력하여 선을 이룬다고 믿고 범사에 감사해야 한다(롬 8:28, 엡 5:20).

우리는 아무 일에도 염려하지 말고 모든 일에 기도와 간구로 우리의 구할 것을 감사함으로 하나님께 아뢰어야 한다. 그리하면 모든 지각에 뛰어나신 하나님의 평강이 우리의 생각과 마음을 지켜 주실 것이다(빌 4:6).

우리는 언제나 주 안에서 기뻐해야 한다(빌 4:4).

무엇에든지 참되며 무엇에든지 경건하며 무엇에든지 옳으며 정결하며 사랑할 만하며 칭찬할 만하며 무슨 덕이 있든지 무슨 기림이 있든지 이것들을 생각해야 한다(빌 4:8).

하나님이 거룩하시니 우리도 거룩해야 한다(벧전 1:16).

구주께서는 우리가 그를 믿으면 그 배에서 생수의 강이 흘러 나리라고 하셨다(요 7:38).

우리는 흠이 없고 순전하여 어그러지고 거스르는 세대 가운데서 하나님의 흠 없는 자녀로 그들 가운데 빛으로 나타나야 한다(빌 2:15).

우리는 적극적으로 자기 자신을 미워해야 한다. 욕심을 채우지도 자기 비위를 맞추지도 자신을 편애하거나 사랑하지도 말고, 문자 그대로 날마다 자기 자신을 부인하고 포기해야 한다(마 16:24).
모든 일에 항상 절대적으로 우리 자신을 부인하지 않으면, 그리스도의 제자가 될 수 없다는 말씀을 우리는 안다(눅 14:26).
바울은 우리가 위엣 것을 찾아야 한다고 말한다(골 3:1).

이것으로 충분하다. 더 이상 말하지 않겠다. 부끄러움과 고통만 더할 뿐이다. 우리는 피고의 자리에 서 있다. 우리는 그리스도께서 원하시는 모습이 아니다. 만일 이것이 기독교적인 삶의 척도라면, 또한 우리가 판단 받을 기준이 이렇고 그리스도인들에게 요구하는 바가 이러하다면, 우리는 이사야처럼 "화로다 나여 망하게 되었도다."라고 울부짖을 수밖에 없다. 그처럼 자비롭고 이해심이 깊고 사랑이 많고 지혜로운 주님이 왜 인간의 본성에 맞는 것을 요구하지 않으실까? 왜 주님은 그렇게 비합리적인 것처럼 보일까? 왜 합리적으로 인간에게 가능한 것을 요구하지 않으실까? 주님은 우리에게 날아오르라고 하시지만 아직 우리는 날개조차 없다.

단지 사람의 능력이 슈퍼맨처럼 향상되는 것만으로는 되지 않는다. 신약성경이 말하는 참된 그리스도인은 오히려 사람보다는 신에 가까워 보인다. 어째서 주님은 그리스도인의 삶을 정상적인 것을 초월한 기초 위에 올려놓으셨을까? 단언컨대, 원수를 사랑하는 것과 항상 기뻐하는 것은 자연적인 것이 아니다. 또한 고통스러운 일들에 대해 감사하는 것, 우리 자신을 미워하는 것, 예수님께서 행하신 대로 행하는 것도 역시 정상적인 것이 아니다. 이러한 딜레마를 정직하게 대면해본 적이 있는가? 용기를 내어 그리스도의 말씀이 의미하는 바를 정면으로 부딪쳐본 적이 있는가? 인간이 할 수 있는 것과 그리스도의 법 사이, 즉 우리의 본성으로 이룰 수 있는 것과 하나님의 말씀이 요구하는 것 사이의 간격이 그렇게 큰 것은 아니라고 꾸며서 얻은 것이 무엇인가?

만족할 만한 답변을 얻을 수 없다면, 기독교 체제는 적들의 비방을 받을 만하다. 기독교 체제는 과잉된 선전과 과장, 광신, 다시 말해 그리스도의 법과 인간의 본성 사이의 조화가 결여된 것에서 오는 결과들에 대해 엄중한 비난을 받아야 한다.

## 충격적인 딜레마

이것은 새로운 딜레마가 아니다. 사도 바울은 인간 본성으로는 그리스도의 이상에 이를 수 없다고 아무 거리낌 없이 말했다. 그는 이 둘 사이의 현저한 부조화를 축소하지 않았다. 그는 그리스도의 법이라는 눈부신 사실을 전혀 도달할 수 없는 이상으로, 인간 본성으로서는 결코 도달할 수 없고 적나라하게 그 실체를 드러낼 수밖에 없는 것으로 여겼다.

로마서 7장이 그 사실을 뒷받침한다. 여기서 우리는 그리스도인의 이상에 도달할 수 없다는 것을 발견하고, 자신의 실패를 고백하고 절망 중에 부르짖으며 통렬히 안타까워하는 바울을 보게 된다. 그는 가슴이 터질 듯한 딜레마에 신음하며, 그리스도의 법이 요구하는 것들은 인간 본성이 아무리 애쓰고 고민해도 절대로 이룰 수 없음을 정직하게 인정한다. 내 말을 오해하지 않고, 또 독자들이 이처럼 비정통적인 것에 충격을 받지 않도록 하기 위해 바울의 말을 직접 인용하겠다.

> 내가 원하는바 선은 하지 아니하고 도리어 원치 아니하는바 악을 행하는도다 …… 내 속 사람으로는 하나님의 법을 즐거워하되 내 지체 속에서 한 다른 법이 내 마음의 법과 싸워 내 지체 속에 있는 죄의 법 아래로 나를 사로잡아 오는 것을 보는도다 오호라 나는 곤고한 사람이로다 이 사망의 몸에서 누가 나를 건져 내랴(롬 7:19 - 24).

바울은 애를 쓰고 고민하며 울부짖는다. 그는 도덕적 거인이자, 모든 시대에 걸쳐서 가장 위대한 사람 중 하나로서 할 수 있는 최선을 다해 노력했다. 그러나 모든 것이 수포로 돌아갔다. 그는 죄의 법이 쏟아지는 강력한 물줄기처럼 모든 것을 쓸어가버린다고 고백한다.

우리는 이 충격적인 딜레마의 모든 면을 정직하게 직면해야 한다. 바울이 그랬다. 그는 자신의 무능함과 그리스도의 법에 도달이 불가능함, 둘 중 어느 하나도 얼버무려 넘어가지 않았다. 그는 자기 안에는, 다시 말해서 그의 육신 안에서는 어떠한 선한 것도 발견할 수 없다는 사실에 대해 놀라울 정도로 솔직하다(롬 7:18). 그는 자기가 하나님의 법을 즐거워하고 사랑하나, 그것은 인간 본성이 도달할 수 없는 것임을 솔직하게 시인한다. 만일 우리가 이런 일들에 대해 정직하다면 우리도 알지 못하는 사이에 가장 영광스러운 새날을 맞이할 단계에 들어서게 될 것이다. 이런 정직함이 바울을 위대한 발견으로 인도하였다. 그것은 우리에게도 가능한 일이다.

바울이 로마서 7장을 쓸 무렵, 바울은 다메섹 도상의 회심 이전과는 달랐다. 고의로 불순종하지는 않았다. 그는 예수님을 사랑하였으며 십자가의 군사가 되었다. 헌신적인 그리스도인이었다. 이제는 새로운 빛 속에서 자신을 보았다. 이전에는 모세의 엄격한 제자로서 충분히 변명할 수 있었던 일이 이제는 그렇지가 않았다. 대수롭지 않은 작은 일, 비교적 해를 끼치지 않을 마음가짐, 즉 모세의 율법 아래서는 실제적인 효력이 나타나지만 않는다면 눈에 띄지 않고 지나치던 의미 없는 작은 죄들이 이제는 그의 마음을 상하게 한다. 그것들은 불쾌하며 참을 수 없는 것이 되었다. 마치 지옥의 타오르는 불처럼 괴롭다. 전갈의 날카로운 침과 같이 마음을 찌르고 고인 웅덩이 속 짐승의 썩은 시체처럼 악취가 난다.

바울은 예수님을 닮기 바랐다. 그것은 이제 더 이상 단순한 윤리의 문제가 아니며, 또한 옳고 그름의 문제도 아니다. 이것은 그리스도를 닮은 것인가? 끊임없이 질문하게 된다. 바울은 자유로워지기를 원한다. 은밀한 모양이라도 아무리 악의 없는 몸짓이라 하더라도, 자기애가 있으면 메스꺼움을 느꼈다. 그는 예수님의 겸손과 인내를 온 힘을 다해 사랑하면서 예수님처럼 되려고 애썼다. 그는 순전한 사랑으로 하나님을 사랑했고 "아버지의 독생자"의 특징인 온전히 정결한 마음으로 섬기려 하였다. 그러나 그럼에도 그는 자기혐오와 자기 절망의 번민 속에서 구원을 울부짖는다(롬 7:24).

## 방법은 있다

여기서 벗어날 길이 있는가? 물론 있다. 바울은 그것을 발견하였다. 우리도 모두 그 길을 찾을 수 있다. 내가 다룰 주제는 이것이다. 우리는 거짓된 기초 위에서 살아왔다. 그리스도를 흉내 내는 것이 그리스도인의 삶이라고 생각해왔다. 그러나 그리스도인의 삶은 그리스도를 단순히 흉내 내는 것이 아니다. 그리스도께 직접 참여하는 것이다. 우리는 "그리스도와 함께 참여한 자(히 3:14)"가 되었기 때문이다. 그리스도를 본 받으라는 주제로 쓰인 많은 책들에는 물론 좋은 내용들이 있다. 그러나 그리스도인의 삶의 토대를 이루는 원리들에 대해서는 기본적인 개념부터 그릇되었다. '흉내 내기'를 기본으로 하여 나아가면 바울이 로마서 7장을 쓸 때 당면했던 바로 그런 종류의 낙담에 갑자기 빠지게 될 것이기 때문이다.

우리는 그리스도께서 바라는 모습이 아니다. 산상수훈은 우리의 태도에 나타나지 않는다. 죄의 원리는 여전히 우리의 삶 가운데 만연해있다. 우리는 시기와 자랑, 자기애와 쾌락을 벗어나지 못한다. 은밀한 이기심들이 여전히 우리를 짓누르며 그것은 모든 노력에도 불구하고 요지부동이다. 약간의 기쁨이 있긴 하지만 너무나 작고, 초대 교회 그리스도인들에게 특징처럼 나타났던 환희는 전혀 없다. 우리는 번민하며 피 흘리도록 애쓰고 투쟁하지만 걸음을 옮길 때마다 실패가 따른다. 무엇이 문제인가? 바로 우리가 그릇된 기초 위에서 나아가기 때문이다. 우리는 주님께서 우리에게 기대하시지 않는 것을 하려고 시도하고 있다. 그리스도인의 삶은 그저 '흉내만 내는 것'이 아니다.

흉내 내기와 참여 사이의 차이를 파악할 때 지금까지 말하는 큰 딜레마가 아주 간단하게 해결된다. 그리스도를 그저 흉내만 내는 자로서는 불가능하던 것이, 그리스도께 참여하는 자에게는 지극히 자연스러운 것이 되기 때문이다. 그리스도께서 나의 본성인 자아생명(self-life)의 힘을 파기하고 나에게 하나님의 생명을 주실 때 비로소 진정한 의미의 그리스도인의 삶이 가능해진다. 나는 거듭나야 한다. 육은 무익하다(요 6:63). 예수님이 없으면 아무것도 할 수 없다. 예수님 안에서 살아야 한다. 자기 자신의 생명을 버리고 그 안에서 새 생명을 얻어야 한다.

우리가 육적 생명 안에서 움직일 때는 그렇게 이해하기 힘들고 도달할 수 없었던 그리스도인의 요건들이, 이 새 생명에게는 아주 간단한 것이 된다. 이제 단지 어떻게 일할 것인가에 대한 문제다. 산상수훈은 이 생명을 속박하기는커녕 오히려 그 생명이 작용하는 방식을 진술한 것에 불과하다. 문제는 우리가 예수님의 말씀을 잘 듣고 따르지 않았다는 데 있다. 주님은 우리가 포도나무 가지처럼 그 안에 머물러 있어야 된다고 말씀하신다.

요한복음 15장이 빠진 마태복음 5, 6, 7장은 엔진 없는 기차와 같고 물 없는 고래, 날아오를 하늘이 없는 새와 같다. 예수님은 최후의 만찬 때에 제자들에게 근본적일 것들을 새겨줄 마지막 기회임을 아셨고, 그 자리에서 이 신비한 연합을, 모든 믿는 자와 예수님 자신이 영적으로 하나임을 크게 강조하셨다. 우리가 할 수 있는 장엄한 '참여'를 최대로 강조하신 것이다.

내 안에 거하라 나도 너희 안에 거하리라(요 15:4).

우리의 실패는 오직 주의 말씀을 확인해줄 뿐이다. 예수님은 자신을 떠나서는 우리가 아무것도 할 수 없다 하셨기 때문이다(요 15:5).

그리스도를 그저 흉내 내라는 말씀은 없다. 그런 것에는 유익이 없다. 모조품 정도는 될 수 있을 지 모른다. 주님은 "육은 무익하다"고 명확히 말씀하셨다. 몇 년 전에 내가 선교 사역을 담당했던 나라에서 그런 일을 극단적으로 저지른 사람이 있었다. 열성적인 광신자가 스스로 자신을 문자 그대로 십자가에 못 박았다. 그의 부모들이 그를 구해 내려고 달려갔을 때 그는 이미 십자가 위에서 숨져 있었다. 교회가 그 일에 갈채를 보내지 않은 것은 잘한 일이다. 그러나 이론적으로는 교회가 대다수의 교인들이 흉내 내기라는 거짓된 기초 위에서 행동하도록 만들고 있다.

그리스도인은 다 외우지도 못한 대사를 가지고 쩔쩔매는 배우로 부름 받지 않았다. 하나님께서 생각하시는 그리스도인의 삶이란 한없이 축복 받았고 저절로, 또 거저 되는 것이다. 우리는 그리스도께 참여한 자가 되었다(히 3:14). 크고 보배로운 약속들을 우리에게 주셨고 우리는 하나님의 성품에 참여한 자가 되었다(벧후 1:4). 그리스도인은 영원한 하나님의 가지에 접붙임을 받았다.

나는 포도나무요 너희는 가지니(요 15:5).
이 비밀의 영광이 이방인 가운데 얼마나 풍성한지를 알게 하려 하심이라 이 비밀은 너희 안에 계신 그리스도시니 곧 영광의 소망이니라(골 1:27).

Chapter 2

# 그리스도의 십자가에 참여하다

만일 우리가 그리스도와 함께 죽었으면
또한 그와 함께 살 줄을 믿노니

(롬 6:8).

## 위대하고 놀라운 원리

나의 목표는 그리스도께 참여하는 이 위대한 원리를 차근차근 살피는 것이다. 즉, 그리스도인과 그리스도가 하나가 되는 것에 관한 놀라운 진리의 넓이와 길이, 또 높이와 깊이를 측량하는 것이다.

그리스도와 참 그리스도인은 모두 하나다. 모든 그리스도인은 그리스도의 몸을 구성한다. 아담의 말을 빌리면 "뼈 중의 뼈요 살 중의 살"이다. 그리스도와 하나 됨이 의미하는 바가 얼마나 놀라운가? 그 신분이 얼마나 영광스러운지! 대부분의 그리스도인은 그것이 의미하는 바를 제대로 경험하지 못한다.

빛의 아버지께서 우리가 이것을 이해하게 하실 뿐만 아니라, 이 거룩한 전으로 들어가게 하여 우리와 그리스도가 하나 됨을 이루게 하시기를 바란다. 이것만이 우리의 목마름을 해소시킬 유일한 샘이다. 그리스도인의 가장 깊은 열망을 충족시킬 다른 길은 없다.

> 다 한 성령으로 세례를 받아 한 몸이 되었고(고전 12:13).

성령의 역할은 마치 정원사가 다른 줄기에 가지를 접붙이는 것처럼 그리스도인을 그리스도에게 접붙이는 것과 같다. 우리는 이 사실을 늘 기억해야할 것이다. 로마서 11장에서 바울은 이 접붙이는 과정을 자세히 설명한다. 바울은 거기서 뿌리이신 그리스도로부터 이스라엘이 꺾여져 나오고, 이방인이 접붙임을 받아 뿌리에 참여한 자가 되었다고 말한다.

가장 깊은 의미의 참된 회심은 바로 이런 것이다. 만일 그리스도에게 올바로 접붙임을 받은 것이 아니라면, 그것은 그저 외식하는 것에 불과하며 열매를 맺을 수도 없다. 정말 우리는 거듭나야 한다. 우리는 영원한 하나님, 이 원줄기에 붙어야 한다. 우리는 단지 신적인 지도자를 본받으려고 하는 것이 아니다. 하나님은 우리를 신의 성품에 참여한 자가 되게 하기 위하여 보배롭고 지극히 큰 약속들을 우리에게 주셨다(벧후 1:4). 성령께서 친히 우리 영으로 더불어 우리가 하나님의 자녀임과 하나님의 상속자임과 그리스도와 함께한 상속자임을 증거하신다(롬 8:17).

우리로 하여금 죄를 깨닫게 하고 우리 안의 죄를 미워하게 하며, 사악한 죄의 지배에서 벗어나고 싶은 간절한 소원을 주시는 분은 성령이시다. 바로 그 동일한 성령께서 유일한 탈출구로, 우리 죄를 담당하신 자 그리스도를 계시해주신다(요 16:7 - 15). 또한 같은 성령께서 우리를 그리스도께 매이게 하시고, 우리의 생명을 그의 신적 생명 속에 뿌리내리게 하시고, 우리로 하여금 머리 되신 그분께로 자라나게 하신다.

펜 루이스는 많은 사랑을 받는 요한복음 3장 16절을 헬라어로 보면 기존의 번역 성경과 아주 다른 의미라고 지적했다. 단순히 '그리스도를 믿는 자(believeth in Christ)'가 아니라, '믿어 그 안으로 들어가는 자(be-lieveth into Him)'가 영생을 얻는다는 뜻이다. 성령의 협력하시는 역사로 인해서(성령께서는 우리의 영과 너무나 깊이 연합하여 일하시기 때문에 종종 우리는 그의 역사를 의식하지 못한다.) 우리는 믿어 그리스도 안으로 들어가게 되었다(believed into Christ). 그리하여 그리스도가 우리의 생명이 되셨다.

> 주와 합하는 자는 한 영이니라(고전 6:17).

## 자연적인 것, 정상적인 것에 대한 죽음

물론 이 접붙임을 위해서는 먼저 잘라내는 일이 필요하다. 우리가 자연적이고 정상적인 것에 대해 죽지 않는다면 어떻게 초월적인 것에 대해 살 것을 기대할 수 있는가? 바울은 이에 대해 이렇게 표현했다.

> 우리가 그리스도와 함께 죽었으면 또한 그와 함께 살 줄을 믿노니
> (롬 6:8).

자연을 거슬러 다른 종의 나무에 접붙임을 받는 가지는 반드시 옛 생명에 대하여 죽어야 한다. 그 가지는 새로운 줄기에 뿌리를 내려서 새로운 생명을 받아야 한다. 그 가지와 옛 생명과의 관계는 철저하고 완전하고 지속적으로 단절되었기에, 가지에게는 옛 생명이 더 이상 존재하지 않는 것이다. 새로운 가지는 둘을 융합시키게 할 새로운 것을 끊임없이 흡수한다.

그리스도인의 전기를 연구해보면 교회의 위대한 성도들, 진정으로 그리스도 안에서 그를 위하여 살았던 모든 이는 거의 예외 없이 이른바 '제2의 은혜의 역사'를 체험했다. 그들에게는 하나님의 생명에 더 온전히 참여하기를 갈망하는 때가 있었다. 그것을 성화라고 할 수 있을 것이다. 어떤 이들은 안식의 측면을 강조하여 '믿음의 안식'이라고 한다. 현대에는 승리의 측면에 강조점을 두어 '승리하는 생활'이라고 한다. 이를 '풍성한 삶'이라고 부를 수도 있을 것이다. 어떻든 간에 그리스도인의 이 체험이 용어에 속박되지는 않을 것이다.

시기적으로 빠르고 늦은 차이는 있지만, 그리스도인은 자아에 빠지는 죄를 자각하게 된다. 성경적인 이유든 그 밖의 이유든, 그리스도인이 회심하자마자 이런 단계에 이르지 못할 이유는 없다. 그러나 보통 많은 그리스도인은 '두 마음'이라는 광야를 방황하다가 젖과 꿀이 흐르는 땅으로 들어간다.

그러나 이 때에도 성령은 믿는 자의 안에서 일하셔서 이 '두 마음'이라는 죄를 깨닫게 하신다. 성령은 '자기 의지'가 우리를 자신과 완전히 연합시키려는 그리스도의 목적을 얼마나 방해하는가를 보여주신다. 그리스도께서는 고통스러울 정도로 정확하며, 꼼짝할 수 없을 정도로 분명하게 그리스도와 원수가 된 자기중심적 삶의 무서운 결과들을 나타내주신다. 또 자기중심적 삶이 가진, 영의 생명을 질식시키는 힘을 나타내주신다. 또한 믿는 자의 이중적인 태도와 모양만 있는 경건의 부끄러움, 그리스도에 대한 피상적 헌신의 거짓됨까지도 모두 보여주신다. 그리하여 우리는 자기의 즐거움을 위한 정욕과 흥미를 위한 탐욕, 자신만을 위한 열심 때문에 그리스도를 다시 십자가에 못 박아왔다는 사실을 깨닫게 된다.

또 자신이 그리스도 안에 뿌리를 내렸다고 하지만 사실 옛 뿌리의 진액을 더 많이 흡수하고 있다는 사실을 알게 된다. 자신의 생명 물줄기가 얼마나 탁하고 더러웠는지, 또 그동안 자기중심적 삶의 악취가 그 주변 꽃들을 시들게 했음을 비로소 알게 된다. 그때서야 로마서 7장을 이해하기 시작한다. 그리고 자유로워질 것이다. 또한 마음에 이러한 은밀한 부르짖음이 있을 것이다.

"오호라, 나는 곤고한 사람이로다. 이 사망의 몸에서 누가 나를 건져내랴!"

이것은 위기이다. 그리스도 구속 역사의 범위와 효과가 생생하게 밝혀질 시간이 온 것이다. 이제 그리스도의 십자가가 지닌 더 깊은 의미를 향해 우리의 눈이 열린다. 가려졌던 십자가의 베일이

벗겨진다. 성령께서는 죄를 담당하신 분으로서가 아닌(비록 우리는 죄로 인해서 그리스도의 희생의 효력을 끊임없이 지녀야 할 필요가 있지만) 그 지긋지긋한 자아에서 벗어나는 탈출구로써의 그리스도를 보여 주신다.

이제 성령께서 우리에게 보여 주시는 것은 그리스도와 함께 십자가에 못 박힌, 그리스도가 죽으심으로 그리스도와 하나가 된 우리 자신이다. 이를 통해 우리는 그리스도의 죽으심으로 우리 자신도 죄에 대하여 죽었으며, 윤리적으로 죽음의 자리에 처했다는 것을 알게 된다. 그리하여 그리스도의 십자가와 무덤에 함께 참여한 이 엄청난 사건으로 인해 우리가 자아의 지배에서 벗어나 신적 능력을 지닌 새 생명으로 들어갈 수 있게 됨을 이해한다.

그리스도의 죽으심에 참여하지 않으면, 갈보리의 비극을 재촉했던 죄의 원리는 우리 안에서 계속해서 작용한다. 그리고 그것은 우리를 구세주를 죽인 바로 살인자들과 공범으로 만든다. 자아가 이미 죽었음을 인정하지 않는다면, 결코 그리스도인의 신분으로 살아갈 수 없다. 만약 그렇다면 모순의 극치다. 우리는 그리스도께서 죄인인 우리를 위해 죽으셨고, 죄인인 우리 자신 역시 그리스도 안에서 죄에 대하여 죽었다는 것을 깨닫는다. 또한 우리가 죄에 대해 죽지 않고서는, 죄인인 우리를 위해 죽으신 그리스도의 구속 사역 역시 도덕적인 모순이 된다는 것도 알게 될 것이다. 이 사실은 엄청난 파괴력으로 우리가 무의적으로 취해왔던 이중적 태도에서 벗어날 수 있게 한다. 우리는 그리스도와 함께 죄에 대하여 죽을 것인지, 아니면 계속 그리스도를 십자가에 다시 못 박을 것인지를 결정해야 한다.

**육신의 생각은 하나님과 원수가 되나니**(롬 8:7).

그는 자아가 십자가에 못 박히지 않으면 그리스도가 십자가에 못 박혀야 한다는 사실을 알게 된다.

이 모든 것은 성령이 하시는 일이다. 사람이 자신을 미워하고 본성으로 사랑하는 것을 미워하기 시작하는 것은 자연스러운 일이 아니다. 왜냐하면 이 세상에서 이른바 자아라고 하는 것 이외에는 아무것도 사랑하지 않는 것이 사람이기 때문이다. 『천국의 날들(Days of Heaven)』에서 심슨 박사는 성령은 하나님께서 우리에게 정해 주신 장소, 즉 그리스도의 무덤으로 우리를 인도하는 위대한 장의사라고 말했다.

그러나 성령도 우리의 동의 없이는 십자가의 못 박힘에 우리를 참여하게 하실 수가 없다. 우리의 동의 없이 갈보리라는 곳으로 우리를 데려가지 못하신다. 우리는 스스로 죽는 것에 동의해야 한다. 십자가가 고통과 수치와 수모, 죽음(그리스도의 마음을 번민하게 한 것)을 통해 나타낸 것은 우리로 하여금 기꺼이 죽기 원하도록 하시려는 하나님의 무한히 미묘하고 도덕적인 방식이다. 우리를 설득하여 자아를 버리고 죽겠다는 동의를 얻을 수만 있다면 하나님께 이것은 지나친 일도 아니었다.

바로 이것이 십자가가 필요한 이유이다. 십자가는 하나님의 마술이 아니다. 단순히 그리스도께서 우리 죄를 담당하신 것만도 아니다. 물론 그리스도는 그 일을 하셨다. 그러나 갈보리 십자가의 목적은 그보다 훨씬 더 깊은 것을 향하고 있다.

## 우리가 훼손한 십자가

어느 의미에서 나는 비콘스필드 경의 의견에 동의한다. 그는 속죄 교리를 비방하고, 그것은 부도덕한 것이라고 적극적으로 주장한다. 내 안에 여전히 악취를 내는 비열한 것과 독초 같은 죄들을 그대로 놔둔 채, 내 삶의 방식이 어떠하더라도 단지 내가 구세주의 희생을 받아들이기 때문에 내게 그리스도의 죽음의 공로가 내게 전가되어 하나님 앞에 설 수 있다고 한다면 십자가는 부도덕하다고 말할 만한 충분한 근거가 있는 것이다.

그러나 이것은 그리스도의 십자가가 아니라, 현대 그리스도인들이 훼손한 십자가이다. 그리스도의 십자가는 "여호와께서 우리 모두의 죄를 그에게 지우셨기" 때문에 대속적인 것이기도 하지만 그 이상의 의미를 가진다. 갈보리 위에서 절정을 이룬 그리스도의 구속 사역의 본질은, 구속 사역의 도덕적 은혜에 참여하지 않고는 대속하신 은혜를 받을 수 없는 것이다. 다시 말해서 만일 당신이 거짓된 중심인 자아로부터 떨어져 참이신 하나님께 붙기를 깊이 갈망하는 마음 없이 세상 죄를 대신 짊어지신 예수님을 보아 왔다면, 그것은 십자가 사건을 통한 하나님의 실제 목적이 이루어지지 않은 것이다. 성령이 우리 안에서 하나님의 아들의 죽음에 우리가 영적으로 참여하도록 역사할 기회가 없었던 것이다.

바울은 이 점을 너무도 분명히 알았다. 그래서 초대 교회에서 받아들인 교리, 즉 그리스도를 믿은 후에도 죄에 계속 거할 수 있다는 놀라운 사상을 접했을 때 무엇에 찔리기라도 한 듯이 펄쩍 뛰었다.

은혜를 더하게 하려고 죄에 거하겠느냐?(롬 6:1)

구원이라는 것이 많은 사람이 생각하듯, 단순히 죄에 대한 형벌로부터 해방되는 것이라고? 바울은 이렇게 탄식한다.

죄에 대하여 죽은 우리가 어찌 그 가운데 더 살리요 무릇 그리스도 예수와 합하여 세례를 받은 우리는 그의 죽으심과 합하여 세례를 받은 줄을 알지 못하느냐 …… 우리의 옛 사람이 예수와 함께 십자가에 못 박힌 것은 죄의 몸이 죽어 다시는 우리가 죄에게 종 노릇 하지 아니하려 함이니 이는 죽은 자가 죄에서 벗어나 의롭다 하심을 얻었음이라 …… 만일 우리가 그리스도와 함께 죽었으면 또한 그와 함께 살 줄을 믿노니 그가 죽으심은 죄에 대하여 단번에 죽으심이요 그가 살아 계심은 하나님께 대하여 살아 계심이니 이와 같이 너희도 너희 자신을 죄에 대하여는 죽은 자요 그리스도 예수 안에서 하나님께 대하여는 살아 있는 자로 여길지어다(롬 6:2-11).

진리가 균형을 잃으면 오류가 되고 만다. 로마서 6장, 즉 하나님의 심판 가운데 우리가 발견하는 대로 우리가 십자가에 참여하지 않고 그리스도의 죽음으로 우리가 그리스도와 하나 되지 않는다면, 성령께서 하나님과 원수가 되었던 육적 생명인 자아의 옛 생명을 끊어 자아로부터 분리되어 하나님께 들어가도록 하시지 않는다면 그리스도의 대속의 죽음은 결국 그 진리를 믿는 자를 혼란에 빠지게 하고 말 것이다. 오류는 늘 혼란을 일으킨다. 이것은 목이 베인 복음이며 유익보다는 해가 된다.

펜 루이스 부인이 인도에 방문했을 때였다. 어떤 선교사 한 명을 만났는데, 그는 펜 루이스 여사의 글을 보급하는 임무에 사명감을 갖고 열심이었다. 펜 루이스 여사의 글들은 거의 모두 그리스도인과 그리스도가 그의 죽음과 부활에 하나 됨을 역설하는 내용이었다. 어느 날 그 선교사가 꿈을 꾸었다. 그리스도의 십자가에 관한 꿈이었다. 그러나 꿈속에서 그의 눈을 사로잡은 것은 피 흘리는 구세주가 아니라, 말할 수 없이 추하고 구역질이 나는 이의 모습이었다. 그는 이것을 참으로 납득하기 힘들었다. 후에 그는 그리스도인과 그리스도의 하나 됨에 대한 메시지를 듣고 자신이 그리스도와 함께 십자가에 이미 못 박혔다는 것을 깨닫게 되었다. 성령께서는 그가 꿈에서 본 추한 모습이 다름 아닌 그 자신임을 밝혀 주셨다.

교회가 갈보리를 생생히 보고 십자가의 더 깊은 의미를 이해한다면 얼마나 좋을까? 그리스도인들이 그리스도의 목적은 "옛 피조물"을 죽이는 것, 즉 "사람"(그리스도는 사람의 아들이었다.)을 무덤에 장사 지내어 "죄의 몸"을 멸하여 옛 생명을 끝내고, 나아가서 하늘 생명의 힘으로 가득한 부활의 능력으로 들어가게 하는 것이었음을 깨닫게 되면 얼마나 좋을까?

바울은 유대인들과 이방인들에 대해 이렇게 말했다.

> 법조문으로 된 계명의 율법을 폐하셨으니 이는 이 둘로 자기 안에서 한 새 사람을 지어 화평하게 하시고 또 십자가로 이 둘을 한 몸으로 ……(엡 2:15 - 16)

십자가가 교회의 삶에 일으킬 영적 혁명이 얼마나 놀라운가? 거룩한 생명의 밀물이 교회를 휩쓸어, 성도들을 생생한 기쁨으로 충만하게 할 것이다. 영적 침체의 수렁에서 벗어나지 못해서 괴로워하고 있는 대부분의 성도들을 하늘 생명, 즉 영원한 생명으로 불타게 할 것이다.

## 그리스도의 사명에 관한 우리의 오해

프랑스의 대 설교가 라코르데르가 말했듯이, 교회는 십자가에 못 박혀 태어났기에 머리 되신 그리스도처럼 무덤으로 들어가 죽지 않으면 생명을 주는 생수가 그 가슴에서 터져 나올 수 없다. 누군가 말했듯이 교회가 사도와 같은 열심으로 불타고 초대 교인들 못지않은 열매를 맺는 일은, 육적인 "행위"가 아니라 신적인 "죽음"에 열심을 내는 데 달려 있다.

그리스도께서는 "옛 사람"을 수리해서 쓰시기 위해 우리의 삶 속에 들어오신 것이 아니다. 하나님께서는 우리가 이 한 가지를 분명히 하도록 은혜를 주셨다. 바로 여기서 헤아릴 수 없이 많은 그리스도인들이 걸려 넘어졌다.

우리는 그리스도의 사명이 '우리를 지금보다 더 낫게 만드는 것'이라 생각했다. 그러나 이는 비성경적이며 잘못된 생각이다. 예수님은 새 포도주를 헌 부대에 담을 생각이 없다고 하셨다. 화평을 주러 오신 것이 아니라 검을 주러 오셨다고 하였다. 자기를 완전히 버리지 않으면 그의 제자가 될 수 없다고 하셨다. 그리스도께서 오신 것은 단순히 우리의 옛 삶을 고치시기 위함이 아니다. 주님은 우리를 더 선하게 만들겠다는 약속을 하신 적이 없다. 십자가 위에서 완성된 그의 구속 사역 전체는 십자가에서 완성된다. 그것은 오직 죽어 다시 태어나는 것만이 그 위기를 해결할 수 있다는 가정 (하나님은 그것이 사실이라 말씀하신다.)에 근거한다.

그리스도께서는 우리를 고치려고 하시거나, 2천여 년 전에 유대 땅에서 보여 주셨던 본을 최선을 다해 흉내 내라고 부탁하시지 않는다. 우리를 옛 생명을 완전히 종결짓는 무덤 속에 묻으신다. 그런 다음 우리를 자신의 부활에 참여하도록 하신다. 그리스도이신 우리 주님은 우리를 그분 자신에게 붙잡아 매고 우리에게 전적으로 새로운 생명을 부여하신다. 우리가 옛 생명을 거절한다는 전제 하에 새 것을 가지는 것이다. 그리스도는 포도나무요, 우리는 가지다. 그는 머리고 우리는 몸을 이룬다.

바울 서신은 "만일(if)"이라는 의미심장한 말로 강조되어 있다. 그 말은 우리에게 거듭해서 갈보리 사건을 짚어 주고, 절박한 요구로 우리를 깨우쳐 준다.

"만일(if) 우리가 그리스도와 함께 죽었으면 그와 함께 살리라. 만일(if) 우리가 그의 죽으심을 본받아 함께 장사지낸 바가 되었으면 그의 부활을 본받아 함께 살리심을 받을 것이라. 만일(if) 우리가 그와 함께 고난을 받은즉 그와 함께 왕 노릇하리라."

## '옛 자아'를 죽이는 강력한 힘

나는 가끔 모세가 어째서 광야에서 상징적인 장대를 들었는지 의아했다. 우리 주님은 니고데모와의 대화에서 그것을 가리키면서 "모세가 광야에서 뱀을 든 것같이 인자도 들려야 한다."고 말씀하셨다. 거듭 말하지만, 나는 어째서 그것이 뱀이어야 했는지 의문을 품어 보았다. 십자가 위의 구속 역사에서 왕을 예표하는 것이니만큼 사랑스러운 것이 어울리지 않았을까? 성경에는 뱀을 바라보는 자마다 모두 치료되었다고 한다. 그러나 왜 뱀인가 말이다. 왜 아름다운 백합화나 장미, 샤론의 장미가 아니었을까?

내가 그것을 이해하게 된 것은 이 하나 됨의 원리를 발견한 후였다. 갈보리의 십자가에는 그리스도만 있었던 것이 아니다. 우리의 옛 자아가 두 번째 아담 안에서 십자가에 못 박혔다. 그는 저주받은 나무 위에 자신을 위해서가 아니라 모든 인간을 위하여 거기에 계셨다. 십자가의 고난에서 그리스도가 범죄를 한 인간과 하나가 되시고 불의와 부패에 빠진 인류와 합해지셨기 때문에 그 안에서 인간이 윤리적으로 죽는 것이 없다면, 그는 죄를 위하여, 죄에 대하여 죽으실 수 없으셨다.

나의 저주받을 혐오스러운 자아 생명이 그리스도와 함께 거기서 십자가에 못 박혔고, 또한 하나님의 심판으로 그의 안에서 죽었다. 이것에 뱀 이상으로 적당한 상징이 있을 수 있을까? 우리 안에는 죽음의 독소로 우리를 찌르며 우리의 구원에 독을 뿌리는 뱀이 있었다. 그것은 우리를 하나님과 멀리 떨어진 깊은 흑암 속으로 던져 넣는다. 수치스러운 것이 제거되고 새로운 것이 들어오기 전에는 우리의 운명은 한없이 보잘것없는 것이다. 다른 저주나 선고가 필요 없다. 다른 죄목을 열거할 필요도 없다. 바로 그 자아의 본질과 우리의 자아가 실제로 작용하는 것을 어렴풋이나마 알게 되고 또한 그것의 진정한 내용을 알게 되면 그를 따라 고통이 찾아온다. 그것은 법칙이며 냉혹한 법령이다.

얼마 전에, 나는 라듐에 노출된 실험실에서 일하는 젊은 여성들에 대한 기사를 읽은 적이 있다. 라듐은 과학적으로 농축력이 가장 높은 물질로 알려졌다. 그녀들은 그 실험실에 들어가면 죽을 수밖에 없다는 것을 알고 있었다. 정확한 기간은 기억이 안 나지만 몇 개월 후나 몇 년 후에 그들은 수만 달러의 후한 보수를 받고 그 일에서 해방된다. 그리고 어떤 이는 1년, 어떤 이는 2년, 어떤 이는 3년 후에. 그들 모두는 라듐의 영향으로 결국 죽음을 맞는다. 그래서 넉넉한 보수가 주어지는 것이다. 의사들은 라듐에 노출되어 그렇게 고생하는 소녀들을 검사한 결과 X - Ray를 통해서 이상한 불이 생명을 위협하며 그들의 뼈를 태우고 있음을 발견했다. 라듐이 그들을 죽인 것이다.

2천여 년 전 하나님은 베들레헴의 구유를 통해 독생자를 세상으로 보내셨다. 그 안에 무한한 아버지의 사랑이 농축되어 있었다. 그러나 갈보리에서 사랑하는 자의 불타는 심령이 나타나자, 그 구속하는 사랑의 충만한 힘이 죄로 멍든 세상을 향해 뿜어 나오기 시작했다. 하늘의 라듐이 인간의 죄와 수치의 큰 암 덩어리 위에 투사된 것이다. 하늘 아래서 그것에 저항할 수 있는 힘은 없다. 십자가는 죽이는 일을 하는 것이다. 갈보리에 자신을 노출시킨 사람은 곧 눈에 보이지 않는 불이 자기의 뼈 속에서 타고 있는 것을 발견한다. 그렇게 까다롭고 분노하고, 그처럼 변덕 많고 도도하고 헛되고, 자기 자신의 욕심밖에는 모르고, 자신의 기쁨과 영광을 위해서라면 많은 것을 기꺼이 희생하던 옛 자아는 무른 나무껍질만큼도 갈보리의 영향력에 저항할 수 없으며, 그리고 세찬 밀물에 저항할 수 없게 되었다.

마비 박사는 구세주의 죽음을 "불멸의 죽음"이라고 표현하였다. 그 죽음이 발산하는 힘, 죄를 파괴하는 힘을 윤리학이나 도덕주의자들의 가르침에 비교한다는 것은, 찬란한 태양빛을 별 하나의 반짝임에 비교하는 것과 같다. 실로 그것은 단순한 죽음이 아니었다. 그 승리의 순간에 인자께서 "다 이루었다."고 부르짖을 때(복음서 기자들은 주님께서 "큰 소리"로 부르짖었다고 기록하고 있다.) 바위가 터지고 땅이 흔들렸다. 단순하게 생명이 소멸된 것이 아니었다. 생명의 힘이 증가된 것이다. 그렇기 때문에 최후의 운명의 부르짖음이 땅을 흔든 것이다.

> 예수를 향하여 섰던 백부장이 그렇게 숨지심을 보고 이르되 이 사람은 진실로 하나님의 아들이었도다 하더라(막 15:39).

마비 박사가 죽음과 부활의 중간 과정이라고 말한 것은 적절한 표현이다. 부활은 죽음 안에 있었고 죽음은 부활 속에 있다. 그렇게 말할 수 있을지 모르지만 이 강한 투사력의 도덕적 라듐은 십자가의 그리스도께 자신을 내맡길 때 그리스도인의 영 속에서 방출되는 것이다. 십자가의 동력 아래로 들어간 옛 생명은 반드시 죽게 되고, 부활의 생명이 그 자리를 차지하는 것이다. 이방의 사도는 조금도 놀라지 않으면서 이렇게 말한다.

"내게는 우리 주 예수 그리스도의 십자가 외에 결코 자랑할 것이 없으니, 그리스도로 말미암아 세상이 나를 대하여 십자가에 못 박히고 내가 또한 세상을 대하여 그러하니라. 유대인은 표적을 구하고 헬라인은 지혜를 찾으나 우리는 십자가에 못 박힌 그리스도를 전하니 그리스도는 하나님의 능력이요 하나님의 지혜니라(헬라어로 능력이란 말은 '두나미스'인데 그 말로부터 '다이너마이트'란 말이 파생되었다.)."

Chapter 3

자유롭게 하는
진리를 만나다

내가 그리스도와 함께 십자가에 못 박혔나니
그런즉 이제는 내가 산 것이 아니요
오직 내 안에 그리스도께서 사신 것이라

(갈 2:20)

## 본성의 바퀴에서 탈출하기

우리가 구주와 하나 되어 그의 죽음에 참여함의 진정한 의미는 간단히 이해될 수 있는 것이 아니다. 그리스도의 십자가에 참여하는 것의 깊은 의미를 성령께서 나타내실 수 있도록, 우리는 갈보리라는 이 곳에서 오랫동안 머물러야 한다.

그러나 육적인 사람(자연인)은 십자가에 참여하는 의미를 받을 수 없다. 그들은 영적으로 분리되어 있기 때문이다. 그러나 만일 우리가 하나님의 더 깊은 것들을 체험하기를 간절히 원하면 성령께서는 반드시 역사하신다. 예수님께서 말씀하신 자유롭게 하는 진리가 우리에게 밝혀질 것이다. 보고 이해하는 것만이 아니다. 훨씬 더 나아가 이 진리들이 우리의 존재를 이루는 씨줄과 날줄이 될 것이다. 그리스도인의 생활과 관련된 진리는, 그것이 우리 안에서 역사하여 우리와 어우러지지 않는 한 결단코 우리의 것이라고 말할 수 없다. 그리스도인인 우리는 진리이신 그를 떠나서는 진리를 소유한다고 말할 수 없다.

성숙한 그리스도인은 내적으로 십자가에 못 박힘을 체험해 그리스도의 죽음을 의지하는 것을 안다. 자신이 죄에 대하여는 죽은 자이며 하나님께 대하여는 산 자임을 알고, 세월이 흐른 후에도 자아 생명의 깊이를 발견한다. 자신이 온전히 주님의 것이며 옛 자아는 그리스도와 함께 장사 지낸 바 되었다는 것을 깨달을 수 있다.

그러나 그들에게도 갑자기 옛 자아를 일깨우고 '본성의 바퀴'라는 것이 작동할 때가 있다. 그때에 성령이 그들의 자아 생명의 은밀한 역사를 드러내신다. 그리고 그들은 십자가의 필요성을 새로이 그리고 더 깊이 절감한다. 그들이 본성의 바퀴에서 탈출할 유일한 길은 그리스도의 죽으심에 더 깊이 참여하는 것이다. '갈보리의 라듐'만이 옛 암 덩어리의 뿌리를 제거할 수 있는 것이다.

다시 말해서 그들은 죽음의 더 깊은 곳에 빠짐으로써 영적 생명의 더 높은 곳에 이를 수 있다. 그들이 아무리 깊이 들어갔다 해도, 갈보리 십자가는 여전히 꿈에도 생각하지 못할 정도의 깊이를 가지고 있다.

그것은 하나님께서 아들의 죽음으로 정하신 곳에 우리 자신을 맡기는 믿음의 행동에 의하여 단번에 차지하는 지위다. 또 동시에 우리가 구세주와 더 깊은 교제로 들어가는 성장 과정이다. 바울은 그리스도와 부활의 능력을 간절히 알고자 그의 죽으심을 본받으려 한다고 했다(빌 3:10). 이 모두는 복음 속의 위대한 역설로 요약된다.

자기 목숨을 잃는 자는 얻으리라(마 10:39).

물론 그것은 그 사람을 영영 없애는 것이 아니다. 그와는 정반대다. 그리스도와 하나 되어 그의 죽음에 참여한 것을 깨달은 후에도 바울은 여전히 바울이었다. 그는 갈라디아서 가운데서 그 점을 표현하였다.

내가 그리스도와 함께 십자가에 못 박혔나니(갈 2:20).

바울은 절대적으로 당당히 '내가 살아 있다'고 할 수 있었다.
"내가 살았음에도 불구하고 나는 그리스도와 함께 십자가에 못 박혀 죽었다."
일단 십자가가 '자기 중심의 삶'을 제거하여 이제 하나님 중심의 삶을 살게 되었다면, 그 삶은 모든 영광과 그 충만한 능력 가운데서 발전하기 시작한다. 하나님이 우리 삶에서 최고가 될 때 비로소 우리는 진정한 우리 자신을 가질 수 있다.
이 점이 분명히 이해되지 않는다면 독자들은 내 이론에 대한 판단을 보류하고, 좀 더 읽어보기 바란다. 나는 성령을 신뢰하기 때문이다. 그분은 진리의 영이시다. 이미 말한 바와 같이 저 위대한 구속의 사역과 관련된 진리는 어느 것도 성령 없이는 이해될 수 없다. 그분은 우리가 그리스도의 십자가에 참여한 사실을 보여주실 것이며 그 결과를 의지할 용기를 주실 것이다. 이 모두 성령께서 하시는 일이며 그는 실패하지 않으신다.

## 그리스도 안에서의 우리의 죽음

우리가 늘 명심해야 할 것은, 그리스도 안에서 우리의 죽음이 잠재적으로 공유된 것이라는 것이다. 하나님의 입장에서 보면 그것은 역사적으로 객관적으로 완성되고, 성취된 지 오래된 일(롬 6:11)이지만 인간의 관점에서 볼 때 그것은 우리가 믿음을 행할 때에만 효과를 경험한다. 예수님의 대속하신 죽음이 우리가 믿음을 행할 때에 우리의 죄를 가려주는 것처럼, 단순한 범죄(sins)가 아니라 죄(sin)의 원리 자체를 제거하기 위하여 그리스도의 죽음에 우리가 참여하는 것 역시 오직 믿음을 행사할 때만 그 효력이 나타난다는 것이다. 전자는 그리스도께서 우리 죄에 대해 형벌 받으신 은혜에 참여하는 것이라 할 수 있고, 후자는 구속 사역을 재창조하는 능력에 참여하는 것이라고 할 수 있다. 이 두 가지를 받아들이는 데 있어서 가장 중요한 조건은 우리가 그것을 진정으로 원하는 마음이다. 물론 우리는, 앞장에서 언급했듯이 의식적이든 무의식적이든 그 둘을 분리하여 십자가의 영을 해치곤 한다.

우리의 원하는 마음이 가장 중요한 조건이라고 하는 것은, 하나님께서 인간의 자유를 매우 존중하시기 때문에 인간이 원하지 않으면 하나님은 하실 수 없다는 의미이다. 인간에게 그토록 크고 영원한 영향을 미치는 이 강력한 역사를 인간의 동의하에서만 하나님이 하실 수 있는 것이다. 다른 것을 기초로 이루어진 것은 아무 의미가 없다. 하나님께서는 창조하실 때, 인간에게 하나님의 특권인 자유 의지라는 영광을 주심으로 하나님 자신을 제한하셨다. 하나님은 자신의 신성을 인간에게 나누어주심으로 무한한 사랑을 보이셨고, 인간에게 선택의 능력을 부여함으로 하나님 자신의 전능하심을 제한하셨다.

이제까지 하나님 편에서 가지신 이러한 한계들은 결코 방해받지 않았고 앞으로도 방해받지 않을 것이다. 하나님께서는 사람을 설득하신다. 강제로 하지는 않으신다. 하나님께서는 사람에게 가장 좋은 수천 가지의 방법으로 호소하신다. 그러나 결코 사람을 강제로 억압하지는 않으신다. 하나님께서는 사람을 격려하시고, 죄의 가증스러운 결과들을 보여 주신다. 그러나 결코 하나님 자신과 나누는 사랑스런 교제로 돌이키시겠다는 목적으로 그를 강요하지는 않으신다.

그러므로 우리는 선택해야 한다. 자신의 지배를 받을 것인가, 그리스도의 지배를 받을 것인가? 자신의 욕심을 실컷 채우고 그리스도를 다시 십자가에 못 박을 것인가, 자기 생명(자기 생명을 육적 생명, 옛 생명, 육신적인 사람이라고 불러도 무방하다.)에 대하여는 죽고 무덤에서 살아나신 그리스도의 부활의 능력으로 살아 하나님의 뜻을 이루겠는가?

어느 것을 택하겠는가?

## 가장 높은 지혜의 방법

이것은 그리스도의 십자가가 제기하는 중대한 화두다. 하나님은 우리가 모든 세대에서 가장 중요한 이 문제와 제대로 맞붙을 수 있도록 갈보리라는 실물 교육을 만들어 보여주셨다. 또한 우리가 바른 결정을 내리며 실수하지 않도록 하기 위하여, 즉 우리가 하나님 편에 서서 옛 자아를 회복 불가능하도록 완전히 깨뜨리게 하기 위하여 그리스도가 직접 낮아지셨다. 기꺼이 침 뱉음을 당하고 욕을 당하고, 죄인 취급을 받았고, 조롱하는 폭도들 앞에서 그 저주스런 나무 위에 수치스럽게 못 박히셨다. 옛 자아로부터 벗어난다는 우리의 동의를 얻는데 이보다 더 확실한 방법, 더 강력한 방법을 이 세상의 지혜로 생각해낼 수 있을까? 만일 사람 안에 자기를 미워하고 하나님을 사랑할 마음을 일으키기에 더 좋은 것이 있고 발견할 수 있었다면, 영원한 지혜자께서 이런 방법을 쓰지 않았을 것이라고 확신할 수 있다. "십자가에 못 박힌 그리스도"는 참으로 "하나님의 능력이요 하나님의 지혜"인 것이다(고전 1:23-24).

"우리의 옛 사람이 그리스도와 함께 십자가에 못 박혔다."

역본에 따라 이 구절을 현재시제로, 혹은 과거시제로 각각 번역하였는데 둘 다 옳다.

잠재적으로 그것은 완성된 사실이다. 법적으로 우리는 윤리적인 의미에서 그리스도 안에서 죽었다. 그래서 성부께서 우리를 심판하시는 것이다. 우리는 하나님이 완성하신 일에 더하거나 감할 수 없다. 이 두 번째 아담에서 난 자들은 새로운 피조물의 연합된 머리로서 십자가에 못 박힌 것이다. 여러분이 어느 나라 사람이든, 그 나라 사람이면 피할 수 없는 습관이나 혼을 가지고 있을 것이다. 당신이 그리스도인이 되는 데는 십자가에 못 박힌 생명이 꼭 필요하다. 이 생명을 만든 십자가 사건 이전에는 교회가 영원에서 나온 것이 아니었다.

예수님은 이 목적을 위해서 오셨다. 그의 죽으심은 우발적인 사건이 아니었다. 그는 창세로부터 죽임을 당하셨던 것이다(계 13:8). 그의 죽음은 단순히 순교자의 죽음이 아니었다.

> 아버지께서 나를 사랑하시는 이유는 내가 생명을 다시 얻으려고 내 생명을 버리기 때문이다. 이 생명을 내게서 빼앗아 갈 자는 없지만 내가 스스로 버린다(요 10:17-18, 현대인의성경).
>
> 지금 내 마음이 몹시 괴로우니 무슨 말을 해야 할까? 아버지, 나를 구원하여 이때를 피하게 해주소서. 그러나 나는 이 일 때문에 이때에 왔습니다(요 12:27, 현대인의성경).

진정으로 그의 죽음은 나중에 생각해낸 것이 아니라, 십자가에 못 박힌 교회를 만들기 위한 필수적인 일이었다. 그리스도는 십자가에 못 박힌 제자들을 위하여 친히 십자가에 못 박히신 것이다.

거듭 말하지만 우리는 선택해야 한다. 만일 그리스도의 정신이 우리 안에서 향기를 내며 그 완전한 분의 상태에 이르게 하려 한다면, 우리는 반드시 의지를 품고 행동해야 한다. 하나님 앞에서 이미 잠재적으로 우리의 신분이 된 그 죽음에 우리 자신을 굴복시켜야 한다. 즉 그리스도의 십자가에 하나로 참여해야 한다. 우리는 우리가 십자가와 그리스도의 죽음에 참여하여 하나 되었음을 바탕으로 해서 옛 생명을 거부해야 한다.

천국은 침노를 당하나니 침노하는 자는 빼앗느니라(마 11:12).

우리는 그리스도와 우리가 하나 됨의 진리가 깨달아지는 거룩한 순간에만 옛 생명을 거부할 것이 아니라, 끊임없이 본성이 되돌아오려 할 때마다 그렇게 해야 한다. 마치 우리가 매일 지나야 하는 더러운 뒷골목에서 악취를 맡지 않으려고 늘 코를 막는 것처럼 부단히 습관적으로 옛 생명을 거부해야 하는 것이다. 한편으로 우리의 지적인 입장에서는 단번에 영원히 그렇게 되었다. 영원한 그리스도에게 접붙여졌기 때문이다. 그러나 또 다른 한편으로는 자유로운 도덕 행위의 주체로서 우리는 선택하고, 선택하며, 선택하기를 계속해야 한다.

우리는 어느 것을 가질 것인가? 보좌와 어린양으로부터 흘러나오는 생명수, 하나님의 생명인가? 그렇다면 우리 자신의 생명을 거부해야 한다. 우리의 생명은 죄로 부패했다. 그리스도의 죽음 안에 서서 스스로를 단절시켜야 한다. 순간순간 하늘의 생명을 받아야 한다. 그러면 넉넉히 승리할 것이다. 그렇게 하라. 그리하면 우리는 더 이상 그리스도를 흉내 내려고 고민하지 않을 것이다. 자신도 모르게 저절로 예수님께서 행하신 대로 행하게 될 것이다. 예수님의 죽음과 부활에 동참하는 만큼 바로 예수님처럼 될 것이다. 그것은 쉬운 일, 즐거운 일, 행복한 일이 될 것이다. 마치 어린 아이들의 놀이와 같을 것이다. 이제 우리에겐 그리스도인이 되는 것이 자연스러울 것이다. 신의 성품에 참여한 자가 되었기 때문이다.

## 교회에 힘이 없는 이유

교회가 이 귀한 진리를 알면 좋으련만! 그러나 교회는 구속의 은혜를 반만 누려왔다. 십자가의 의미를 깨닫지 못했기 때문이다. 교회는 기꺼이 주님과 함께 죽기를 원치 않았던 것이다. 죄에 대하여 죽은 것으로 여기는 법을 배우지 못했기에 자기의 분깃을 소유하지 못하였다.

    교회는 아직도 육과 세상과 사탄의 속박에서 벗어나지 못하고 있다. 왜냐하면 교훈과 본으로, 그리고 마침내는 갈보리에서 자신을 비우심으로 거듭거듭 자기를 부인하는 숭고한 원리를 가르치신 주님을 믿지 않기 때문이다. 교회는, 옛 생명을 완전히 포기함을 통해서만 영생을 얻을 수 있다는 것을 믿지 않는다. 교회는 그저 주님을 흉내 내려 했다. 육적 생명의 힘으로 그리스도의 방법만을 흉내 냈다. 교회는 이 일에 있어서 전적으로 무능함을 인정하려 하지 않았다. 하늘나라에 참여한 자가 되기 위하여 자신의 생명을 포기하려 하지 않았다. 자신에게 주어진 언약을 어기기 때문에 죽어가는 세상에게 생명을 전할 수 없다. 그 언약은 갈보리에서 맺어졌다. 그것은 죽음의 언약이다. 그리스도께서 먼저 그 길을 가시고 우리에게 따르라고 하신다. 깊고 영원한 연합, 영혼이 그리스도와 결합하는 일, 관심과 목적과 열망이 하나가 되는 것, 이 모든 것이 이뤄져야 한다. 이것이 복음이다.

하나님께서는 모든 세대와 시대, 인류가 그 의미를 이해하지 못하는 일이 없도록 매우 정확하고 중대하며 자극적으로 이 연합이 무엇을 기초로 해서 성취될 수 있는가를 밝히셨다. 그것은 그리스도의 십자가를 통해서이다. 옛 생명은 반드시 제거되어야 하며 인자 안에서 종결되어야 한다. 그러나 교회는 '골고다의 라듐'이라는 소멸하는 불 아래로 들어오지 않았다. 그래서 경제적으로뿐 아니라, 도덕적으로 위기를 맞고 있는 이 중대한 시기에 교회가 능력을 갖추지 못한 것이다.

십자가에 깊이 참여하는 일을 빼놓고 부흥을 말하는 것은 어리석은 일이다. 기독교 지도자들은 의심스런 자들이 되어버렸다. 어느 누구도 감히 부흥을 말하지 않는다. 교회는 인기를 끌기 위한 복음을 전하는 모든 것에서 초연하는 것이 좋다. 육적 생명, 즉 그저 자연적인 것으로부터 나오는 교회의 부흥, 단순한 혼적 생명의 역사로 인하여 일어나는 교회의 부흥, 옛 생명을 잘라내어 갈보리로 가져가 사형에 처하지 못하는 부흥은 모두 가짜다.

만일 하나님께서 엉뚱한 불(아론의 두 아들은 이스라엘 백성의 제사 의식에서 다른 불을 사용했기 때문에 목숨을 잃었다.)을 사용하는 그런 부흥회와 집회에 임하신다면, 다시 말해서 하나님께서 그러한 거짓 불을 인정하는 표를 주신다면, 하나님께서는 친히 십자가의 원수가 되시는 셈이다. 하나님께서 자신의 독생자를 대적하는 결과가 될 것이다. 그리스도께서 죽이신 것을 다시 살리는 결과가 된다. 사울은 아각을 죽이기를 거절할 수 있었으나 사무엘은 그렇지 않았다.

> 육은 무익하니라(요 6:63).
> 우리의 옛 사람이 예수와 함께 십자가에 못 박힌 것은(롬 6:6).
> 그리스도 예수의 사람들은 육체와 함께 그 정욕과 욕심을 십자가에 못 박았느니라(갈 5:24).

우리는 출애굽기에서 먼저 피를 뿌리기 전에는 기름을 바르지 않는 것을 보았다. 피(십자가) 다음에 기름(성령)이다. 그리스도의 생명을 누리기 위하여 먼저 그리스도의 십자가에 참여해야 한다.

### 우리가 다시 배우는 진리

자연이라는 위대한 교과서가 이 교훈을 어떻게 가르치는지를 보면 흥미롭다. 그 책의 거의 모든 페이지에서는 모든 생명이 죽음에서 나온다는 사실을 한결같이 강조한다. 나무도, 꽃도, 열매도 씨앗이 죽지 않고 나오는 것은 없다.

어느 날 한 농부가 내게 그의 목화 농장을 보여주었다. 그가 목화밭 사이에서 목화 씨앗에 대하여 설명해주었을 때 나는 무척 기뻤다. 그 설명을 통해 하나님께서 내게 말씀하셨기 때문이다. 나는 그 순간을 결코 잊을 수 없다. 그는 막 싹이 난 목화 씨앗을 파내어 보여주며, 씨앗이 먼저 땅에 뿌리를 내린 후에 싹을 낸다고 설명해주었다. 사람들은 묻어 땅에 덮인 씨앗이 이미 충분히 죽었고, 공기와 빛과 자유를 향해 그 첫 새싹을 낸다고 상상할 것이다. 그러나 아니다. 먼저 씨앗이 이미 덮인 땅보다 더 아래로 깊이 내려가야 한다.

구약의 모형과 상징, 이야기들을 통하여 성령께서는 우리와 그리스도가 함께 못 박힌 이 신비로운 사실을 분명하게 비춰주신다. 아브라함은 반드시 이삭을 희생해야 한다. 이삭은 죽지 않았지만, 영적으로는 그를 바친 것이다. "내가 네게 큰 복을 주고 네 씨가 크게 성하여 하늘의 별과 같고 바닷가의 모래와 같게 하리니 네 씨가 그 대적의 성문을 차지하리라(창 22:17)."는 약속을 받은 것은 그가 이 일을 행하였기 때문이다. 그 전에도 우리는 도저히 출산할 수 없는, 죽은 것과 다름없는 태(롬 4:19)에서 이삭이 나왔음을 보았다.

요셉도 애굽의 감옥에서 묻혀 지낸 다음에야 비로소 진정한 구제자의 위치에 올랐다. 모세는 40년 동안 미디안의 고독한 광야에서 교육을 받았다. 모든 소망이 파묻혀 마침내 자아가 완전히 사라진 무덤들이 산 전체에 흩어져 있었다. 이 무덤들이 아니었더라면, 여호와와 대면하여 말하고 고대의 도덕적 거인으로서 민족의 많은 일을 감당한 하나님의 사람 모세는 있을 수 없었다. 레위기의 무수한 희생 제사들과 엄청난 피들이 의미하는 것은 하나님이 오직 하나, 즉 십자가를 기초로 하여 사람을 만나신다는 것이다.

쾌락에 젖어있고 음악에 중독된 우리 시대는 스데반을 돌로 쳤던 자들처럼 귀를 막고 이를 갈 것이다. 왜냐하면 이런 일들은 고통스럽기 때문이다. 그러나 주님을 맛보고 하늘의 포도주를 그리워하는 자들, 성령 충만하지 못하면 만족할 수 없는 자들, 하나님의 깊으심을 마음으로 뜨겁게 사모하는 자들은, 옛 생명을 잘라내어 태우고 부수는 이 진리를 말로 할 수 없는 기쁨으로 환영할 것이다.

트럼블 박사의 고대 제사 제도에 관한 탁월한 연구서인 『피 언약(Blood-Covenant)』이란 책을 보면 고대의 사람들은 어느 인종이나 어느 나라든, 여러 모양으로, 동물이나 인간을 취해 제사를 드렸다. 수많은 원주민들의 희생 제단을 답사하며 진행한 연구를 통해서 그는 다음과 같은 한 가지 사실을 추적해냈다. 즉, 사람에게는 한 가지 본능이 공통적으로 깊이 자리 잡고 있었다. 그 민족 나름의 직관대로 신(하나님)을 더듬어 찾을 때 반드시 죽음을 기초로 하여

신과 조화를 이루려고 하더라는 것이다.

이스라엘 백성들은 젖과 꿀이 흐르는 땅에 들어가기 위해 요단 계곡으로 내려가 강바닥에 열두 개의 돌을 남겨놓아야 했다. 이스라엘이 지나간 후 물은 다시 흐르고 12지파를 상징하는 열두 개의 돌은 물 속에 잠겼다. 이 열두 개의 돌이 상징하는 것처럼, 죽음 가운데 끊임없이 거하지 않는 한 가나안에 거할 수가 없다(수 4:9).

다윗은 격노한 사울에게 쫓김을 당하여 블레셋 동굴에서 수없이 죽음을 당한 후에야 비로소 왕위에 올랐다. 인간의 비애를 그토록 잘 보여주고 하나님과 교제하는 삶을 펼쳐 보인 아름다운 시편들은, 사울의 핍박 가운데 이스라엘의 노래하는 자의 마음이 십자가에 못 박히지 않았다면 결코 생겨날 수 없었다.

이사야는 주님을 보고 낙심한다. 그는 반드시 하늘 성소의 타오르는 숯불에 옛 생명을 소멸해야 한다. 예레미야는 택한 백성 때문에 울면서 수없이 죽음을 겪는다. 요나는 바다에 던져지고 고래에 삼켜진다. 그런데도 그는 자신에게 완전히 벗어나지 못한다.

어느 시대든 하나님의 백성들은 자기 생명, 육적 생명을 거듭 죽이지 않고는 결코 영적 성장의 정상에 이를 수 없었다. 지존자이신 하나님과 교제를 누리는 영광에 이르지 못하는 것이다.

아가서의 어여쁜 자가 "내게 입 맞추기를 원한다(아 1:2)."(그리스도와 연합을 갈망하는 영혼을 나타내는 아가서의 상징적 표현)고 할 때, 곧 이어 "나의 사랑하는 자는 내 품 가운데 몰약 향주머니요, 나의 사랑하는 자는 내게 엔게디 포도원의 고벨화 송이로구나 (아 1:13,14)"라는 고백이 따른다. 그렇다. 그것은 반드시 죽어야 한다. 우리가 그의 십자가에 깊이 참여하지 않고서는, 그리스도께서 우리를 자신과 연합하게 하실 수가 없다.

까다롭고, 욕심 많고, 자기중심적이고, 정욕적이고, 증오스러운 육적 생명(육적 생명의 분석은 갈 5:19 이하를 참조할 것)은 반드시 죽어야 한다. 그것은 반드시 절대적으로 자비 없이 모두 죽어야 한다. 이 점에 있어서 우리 구주는 확고하다. 그는 여유를 주지 않으신다. 그는 흔들리지 않으신다. 그는 엄격하셔야 한다. 그가 우리와 그 낮은 것 사이로 오시지 않으면 우리를 가장 높은 곳으로 인도하실 수 없다.

당신은 그리스도와 함께 그의 죽음에 들어갔는가? 믿음으로 당신은 그 죽음을 당신의 죽음으로 붙들어야 한다. 그리스도의 십자가를 당신과 죄의 몸 사이에 놓아야 한다. 당신은 육적 생명이라 하는 본래 타고난 생명을, 당신이 십자가에 함께 못 박혔음을 근거로 거부하는 법을 배워야 한다. 당신은 갈보리 언덕에 그리스도와 함께 서야 한다. 그리고 자아 생명이 자신을 주장하려 할 때마다 "나는 그리스도 안에서 죽었다. 그의 이름으로 나는 자아 생명을 거부한다."고 말하라.

성령께서 당신의 믿음을 보시고 당신을 자유롭게 하시며 계속해서 그 자유를 지켜주실 것이다.

Chapter 4

바울의
고백을 듣다

그러나 내게는 우리 주 예수 그리스도의 십자가 외에
결코 자랑할 것이 없으니 그리스도로 말미암아
세상이 나를 대하여 십자가에 못 박히고
내가 또한 세상을 대하여 그러하니라

(갈 6:14)

## 바울에게 가장 중요했던 것

바울은 그리스도를 '육체'로는 알지 못하였지만, 믿음의 신비에 대하여는 어떤 사도보다도 더 깊은 통찰을 가졌던 것 같다. 그는 초대 교회의 삶과 그 특징을 만들어가는 데에 커다란 영향을 주었다. 예수님 이후로 그는 신약에서 뛰어난 인물이고, 교회의 문헌과 성장에 가장 큰 공헌을 한 사람이다. 그러나 그는 다른 사도들과는 달리 '육체'로는 그리스도를 알지 못하였다. 그는 육체로는, 결코 구세주의 가르침과 목회의 아래에 있지 않았다.

다메섹 도상의 계시 후, 바울은 "혈육과 의논"하기 위하여 예루살렘에 가지 않았다. 그는 아라비아로 갔다. 홀로 있고 싶었다. 그가 경험한 체험, 눈을 멀게 하는 빛과 말로 할 수 없는 영광이 갑작스럽게 나타난 것, 나무 위에서 저주를 당했던 자가 다름 아닌 진정 그리스도였음을 알게 된 사실, 왕 중의 왕이신 그분의 권능과 아름다움에 대한 놀라운 계시 등이 그에게 절대적으로 피할 수 없는 침묵과 깊은 명상의 시간들을 갖게 했다. 바울은 3년 동안 깊은 묵상을 하였다(갈 1:16 - 18).

어쩌면 바울의 이 행보를 그가 큰 실수를 한 것이라고 볼 수도 있다. 베드로나 요한과 야고보와 상의하러 예루살렘으로 가지 않다니! 이렇게 생각해 보라. 예수를 전혀 알지 못했던 바울이었지만 그는 이 일로 사도들의 발치에 함께 앉을 수도 있었다. 그는 베드로와 그 모든 것을 이야기할 수 있었다. 또 요한으로부터 직접적인 정보를 얻을 수 있었다. 우리 가운데 어떤 이들은 그런 특권을 위해서라면 세상을 한 바퀴 돌 수도 있을 것이다. 바울이 실수를 하였는가? 바울 자신이 뭐라 하는지 들어 보자.

나를 부르신 이가 그의 아들을 이방에 전하기 위하여 그를 내 속에 나타내시기를 기뻐하셨을 때에 내가 곧 혈육과 의논하지 아니하고 또 나보다 먼저 사도 된 자들을 만나려고 예루살렘으로 가지 아니하고 아라비아로 갔다가 다시 다메섹으로 돌아갔노라(갈 1:15 - 17).

그 중대한 시기, 바울에게 가장 필요했던 일은 홀로 있는 것이었다. 그럼으로 평온하고 방해받지 않고서 그 환상을 집중적으로 묵상할 수 있었다. 그의 안에는 그리스도가 가득했고 그리스도로 넘쳐흘렀다. 그리스도의 영광이 그를 사로잡아 3년 동안 그 하늘의 자석에서 떨어져 나올 수가 없었다. 주인 되신 그리스도께서 직접 그의 영에게 눈부신 영광으로 다가오시는데, 빛을 구하러 사도들에게 가라고? 진리이신 그분이 친히 그의 교사가 되셨는데 진리를 얻기 위하여 사람들에게 갈 필요가 있겠는가? 14년 후에 그는 예루살렘에 올라갔다(갈 2:1).

그러나 그는 "저 유력한 이들은 내게 의무를 더하여 준 것이 없다."는 의미심장한 고백을 한다. 사도들은 그에게 빛을 줄 수 없었다. 오히려 그 반대였다. 바울이 더 잘 이해했다. 그는 월등한 빛을 가지고 있었다. 그는 그리스도(하나님의 그리스도)를 더 잘 알고 있었다. 교회와 이방인의 관계, 유대교와 기독교의 관계, 내주하시는 그리스도의 원리, 신비한 '몸'의 교리, 믿음으로 의롭다 함을 받는 교리, 기독교의 보편성 등에 관한 통찰, 믿음의 신비에 관한 통찰이 더 깊었다. 그의 판단이 더 정확했다. 영광을 받으신 그리스도의 발치에 앉은 아라비아에서의 3년은 한때 교만했던 이 바리새인에게 무한히 더 많은 것을 주었다. 어부 출신의 사도들에게 인자이신 예수님께서 3년 동안 베푼 것보다 더 많았다. 바울은 언제나 그들보다 앞섰다. 선교사로서, 신학자로서, 설교가로서, 조직자로서, 그리고 성도로서 언제나 선두였다. 주님 이후로 교회가 가장 큰 빛을 진 사람이 있다면 바로 바울이다.

우리는 이것을 어떻게 설명해야 할까? 바울은 육체로는 전혀 예수님을 몰랐지만 성령을 따르고서는 그를 더 잘 알았다. 그는 다른 사람과는 달리 그리스도와 함께 하나님 안에 감추어져 있었다. 그는 셋째 하늘에 사로잡혀 올라가 거기서 말로 형언할 수 없는 것을 들었다(고후 12:2). 주께서 에베소 형제들을 성령으로 강건하게 해주시기를 기도한 이가 바로 그 바울이다. 그리고 믿음으로 말미암아 그들의 심령 속에 그리스도께서 거하시기를 바랐다. 또한 바울은 사랑 안에서 뿌리가 박히고 터가 굳어져서 능히 모든 성도와 함께 지식에 넘치는 그리스도의 사랑을 알기를 간구했다. 그리하여 그리스도의 사랑의 넓이와 길이, 그리고 높이와 깊이를 깨달아 하나님의 충만하신 모든 것으로 그들도 충만하게 되기를 간구하였다.

바울이 온힘을 다해 강조했던 중심 교리는 무엇이었는가? 이신칭의(以信稱義)인가? 많은 사람이 그렇게 대답할 것이다. 그러나 바울 서신을 연구해 보면, 사도의 큰 자랑은 단순히 그리스도께서 자기를 위하여 죽으셨다는 사실이 아니었다. 그와 함께, 언제나 연관되는 십자가의 또 다른 측면이 있었다. 즉 자신(바울)이 그리스도 안에서 죽었다는 사실이다.

## 갈보리의 깊은 의미

> 그러나 내게는 우리 주 예수 그리스도의 십자가 외에 결코 자랑할 것이 없으니 그리스도로 말미암아 세상이 나를 대하여 십자가에 못 박히고 내가 또한 세상을 대하여 그러하니라(갈 6:14).
> 
> 내가 그리스도와 함께 십자가에 못 박혔나니 그런즉 이제는 내가 사는 것이 아니요 오직 내 안에 그리스도께서 사시는 것이라 이제

내가 육체 가운데 사는 것은 나를 사랑하사 나를 위하여 자기 자신을 버리신 하나님의 아들을 믿는 믿음 안에서 사는 것이라 (갈 2:20).

우리가 알거니와 우리의 옛 사람이 예수와 함께 십자가에 못 박힌 것은 죄의 몸이 죽어 다시는 우리가 죄에게 종 노릇 하지 아니하려 함이니 (롬 6:6).

은혜를 더하게 하려고 죄에 거하겠느냐 그럴 수 없느니라 죄에 대하여 죽은 우리가 어찌 그 가운데 더 살리요 (롬 6:1-2).

이는 너희가 죽었고 너희 생명이 그리스도와 함께 하나님 안에 감추어졌음이라 (골 3:3).

위 말씀들은 아라비아 사막에서 놀라움에 차서 주님의 말씀에 열중하던 바울에게 우리 구주께서 깊이 새겨 주신 최고의 교훈일 것이다. 주님께서 이제는 바리새인이 아니며, 사도 중 가장 큰 자가 된 그에게 펼쳐 보여 주신 것은 갈보리의 깊은 의미였다. 휘장이 걷히고 바울은 십자가에 숨겨진 비밀을 들여다보았다. 그는 거기서 예수와 함께 있는 자신을 보았다. 하나님의 목적대로, 잠재적으로 십자가에 못 박힌 것을 본 것이다. 바울에게는 그리스도인의 생활이 결코 단순한 흉내 내기가 아니라, 구세주의 죽음과 부활에 영광스럽게도 직접 참여하는 것이었다. 바울에게는 그리스도인은 그리스도 몸의 한 지체요, 뼈 중의 뼈였으며 살 중의 살이었다. 그에게 사는 것은 곧 그리스도였다.

그는 자신을 일부분 갖고 또 그리스도를 다른 일부분으로 나누어가지는 것, 아니 자신을 조금 갖고 그리스도를 더 많이 가지는 것까지도 결코 용납하지 않았다. 그는 자신은 하나도 가지지 않고 오직 그리스도만을 가지려 했다. 그는 하나님께서 아들에게뿐 아니라 죄인에게도 죄를 지웠음을 알았다. 그리고 그리스도 안에서 자신도 실제로 죽었다는 것을 알았다. 그는 결코 흔들리지 않았다. 그는 자아 생명을 죽이고 그리스도 안에서 세상 앞에 당당히 섰다.

대사도는 이처럼 철저하게 자신과 그리스도를 동일시한다. 그는 새 사람들의 연합한 머리이신 주 예수 그리스도와 모든 그리스도인의 하나 됨을 이렇게 깨달았다. 그것은 죄와 부패한 육적 생명의 노예 상태로부터 벗어나는 길로써 하나님의 뜻으로 계획된 것이며, 구속의 본질(그리스도께서 인간과 하나가 되셔서, 성육신으로 인간의 모양이 되시고 십자가에서 인간을 대신해 고난당하심으로, 인간이 자기를 위하여 죽으신 분과 하나가 되고 또 그 안에서 죄에 대하여 죽을 수 있게 하신 것)에서 솟아나는 것이라는 것을 말이다. 반복하지만, 사도 바울은 자신과 주 예수 그리스도를 완전히 동일시하였기에 그리스도를 따르는 자로서 겪는 자신의 고통을 갈보리의 연장으로 보았다. 바울은 그것을 그리스도의 남은 고난을 자신의 육체에 채우는 것이라고 말했다. 한마디로 바울 사도는 자기 자신의 고난을 십자가에 비추어 해석한다.

우리는 그가 자신이 당한 핍박과 시련을 서술하는 것을 본다.

> 우리가 사방으로 우겨쌈을 당하여도 …… 답답한 일을 당하여도
> …… 박해를 받아도 …… 거꾸러뜨림을 당하여도……(고후 4:8-9).

이어 바울은 영혼의 비밀을 푸는 열쇠가 될 놀라운 선언을 한다.

> 우리가 항상 예수의 죽음을 몸에 짊어짐은(고후 4:10).

그 열쇠는 그의 종을 통하여 고난 받는 그리스도이시며 다시 상처를 입는 그리스도이시고, 다시 십자가에 못 박히는 그리스도이시다. 갈보리가 재연되는 것이다. 그러나 바울이 자신의 고난을, 그리스도가 세상 죄를 지실 때 죄를 담당하신 분으로서 받으신 고난에 동참하는 것으로 생각한 것은 절대로 아니었다. 또한 이어 대속 사역을 완성하는 것으로 본 것도 아니었다. 그것은 갈보리에서 단번에 완성되었다. 주께서 모든 사람들을 위한 대속물로 자신을 내어 주신 이 놀라운 일에서 죄인이 할 일은 전혀 없다.

내가 강조하고자 하는 것은, 바울에게는 그리스도와의 하나 됨이 너무도 사실적이어서 그는 십자가에서 구세주의 죽음뿐만 아니라 그의 몸을 구성하고 있는 모든 자의 잠재적인 죽음도 보았다는 것이다. 또한 그 하나 됨이 너무나 완벽한 것이었던 나머지, 바울은 그리스도인으로서 자신이 받는 고난과 모든 그리스도인들이 받는 고난에서 주 예수 그리스도의 죽음이 계속되는 것을 보았다.

그러나 우리가 항상 예수를 위하여 죽음에 넘겨진다(고후 4:11)는 바울의 말에서, 그 죽음을 순전히 부정적인 것으로 생각해서는 안 된다. 그것에서 생명, 즉 영원한 생명이 나온다고 바울은 단언한다.

> 우리가 항상 예수의 죽음을 몸에 짊어짐은 예수의 생명이 또한 우리 몸에 나타나게 하려 함이라 …… 그런즉 사망은 우리 안에서 역사하고 생명은 너희 안에서 역사하느니라(고후 4:10, 12).

우리가 그리스도 안에서 옛 생명에 대해 죽을 때 모든 장벽이 제거되며 우리의 가장 깊은 곳에서 생수가 터져 나와 다른 사람들에게 생명을, 즉 하나님의 생명을 맺는 것이다.

## '참여'에 대한 바울의 생각

우리가 그리스도에 참여하는 것에 대한 이야기를 마치기 전에 그 의미에 대한 바울의 생각을 요약해보기로 하자.

첫째, 그리스도 안에서 우리는 죄에 대하여 죽었다(롬 6:11). 죄는 단순히 대항하여 싸움으로 극복하는 것이 아니다. 만일 죄가 언제나 외부에서 찾아온다면 그것은 그리 어려운 것이 아닐 수 있다. 그러나 우리 존재 자체가 죄에 전부 찌들어 있다. 물 한 컵에 한 방울의 잉크가 떨어지면 그 컵의 물 전체를 물들인다. '자아'란 그처럼 사악한 것이다. 우리의 사고 자체가 '자기 애'라는 병에 감염되어 있는 것이다. 우리의 영은 자아 때문에 한없이 뒤틀리고 찢겨져 그 중심인 하나님께 벗어나 있다. 또 육에 깊이 뿌리 박혀 있다. 옛 생명은 하나님 보시기에 너무도 악하기 때문에, 아무리 깁고 닦고 칠해도 소용없다. 예수님은 우리가 거듭나야 한다고 말씀하신다. 우리는 그리스도 안에서 우리는 무덤으로 끌려들어가서 죽어야 한다. 그리스도가 우리에게 자아의 죽음이 되지 않는 한, 우리에게 하나님의 생명이 되실 수 없다.

화평이 아니요 검을 주러 왔노라(마 10:34).

우리가 자유로워지기 위해서는 반드시 자아를 베어내야 한다. 자아를 추방할 다른 방법은 없다.

둘째, 그리스도 안에서 우리는 세상에 대하여 죽었다. 물론 그렇다고 해서 일부 중세 수도원이나 사막의 은둔자, 또는 골방이나 기둥 꼭대기에 앉아서 고행을 하던 성자들이 그리스도인의 삶을 더 잘 살았다는 의미는 아니다. 그리스도보다 더 세상사의 중심에 가까이 있었던 사람은 없다. 그리스도는 시장과 성전, 또 가정에서 함께하셨으며, 가난한 사람에게, 불구자에게, 절름발이에게, 혼인 잔치에 참석한 이들에게도 함께하셨다. 그렇게 언제나 삶의 깊고 빠른 물줄기 가운데 계셨다. 예수님은 금욕주의자가 아니었다. 그러나 "난 세상에 속하지 않았다.", "내가 세상에 속하지 않은 것과 같이 그들도 세상에 속하지 않았다."고 말씀하실 수 있었다.

그리스도 이후로 세상은 많이 좋아졌다. 그러나 여전히 세상과 벗된 것은 하나님과 원수가 된다. 탐욕과 거짓과 허위, 정욕을 가진 세상의 영은 자아라는 괴물에서 나오기 때문이다. 인간의 교만을 통하여 역사하는 사탄은 지금도 이 세상의 신이다. 그리스도를 못 박은 이 세상과 더불어 친할 수 있겠는가? 생각할 수조차 없는 일이다. 그리스도를 십자가에 못 박은 영은 아직도 세상에 만연해 있다. 그러므로 그리스도인이 세상에서 끊어져야 한다는 것보다 더 논리적이고 불가피하며 실제적인 것은 없다. 이 세상이 그리스도에 대한 태도를 바꾸어 그리스도를 그 권좌, 생명의 중심부로 받들기까지 우리 그리스도의 제자들은 자아와 탐욕에 대항하여 맞설 수밖에 없다. 우리는 그리스도 안에서 세상에 대하여 죽었다(갈 6:14).

셋째, 우리는 그리스도 안에서 패를 지어 나뉘는 마음에 대해 죽었다. 바울은 유대인들과 이방인들 사이에 막힌 담을 말하면서 그리스도는 그의 십자가로 이 담을 헐어 둘을 하나의 새로운 백성으로 지었다고 했다(엡 2:15). 교회가 이 모습을 지니면 얼마나 좋을까? 교회가 그리스도와 함께 십자가에 못 박힌 자신을 알기를 바란다.

그 담은 어떻게 헐리는가? 그 한 예로 파벌의 담을 들 수 있다. 헬라인이나 유대인이나 그리스도 예수 안에서 하나다. 파벌 의식에 깊이 사로잡히는 것은 전적으로 비기독교적인 것이다. 모든 분열은 육체에 속한 것이다. 사탄은 사람과 사람 사이, 무리와 무리 사이, 지역과 지역, 나라와 나라 간에 담을 쌓는다. 그리스도인이 되고자 하는 사람은 감히 어떠한 과장된 민족주의적 관점도 받아들이지 않는다. 또한 맹목적인 애국주의에 대하여도 죽어야 한다. 우리는 그리스도 안에서 전 인류에 대한 방대한 책임을 가진 세계 시민인 것이다. 오직 그리스도의 십자가만이 호전적 애국주의나 파벌 의식이나 민족주의의 격동을 멀리 쫓아 버릴 수 있는 것이다. 이는 나라에 대한 의무를 인식하지 않는 것이 아니다. 훌륭한 그리스도인은 그 책임을 잘 안다. 진실한 그리스도인이라면 모두 참된 애국자다. 그리스도인이 진실할수록 애국도 진실하다. 그러나 그리스도께서는 모든 민족주의나 파벌주의를 초월하신 분이시며, 우리는 그 몸의 지체들로 세계를 구원하는 영광스런 임무를 받았다.

　우리는 그리스도 안에서 모든 분열된 마음에 대하여 죽었다. 우리는 인간애를 받아들이지 않고서는 그리스도를 가슴에 모실 수 없다. 왜냐하면 그리스도께서 모든 인간의 필요와 자신을 동일하게 여기시기 때문이다(마 25:31 - 46). 그의 십자가를 소유하지 못한다면 그리스도도 소유할 수 없는 것이다. 그 십자가 위에서 인간이 궁극적으로 필요로 하는 것, 즉 세상의 완전한 조화를 방해하는 인종 간 적대 감정까지 모두 소멸되었다.

그는 우리의 화평이신지라 둘로 하나를 만드사 원수 된 것 곧 중간
에 막힌 담을 자기 육체로 허시고 법조문으로 된 계명의 율법을 폐
하셨으니 이는 이 둘로 자기 안에서 한 새 사람을 지어 화평하게
하시고 또 십자가로 이 둘을 한 몸으로 하나님과 화목하게 하려 하
심이라 원수 된 것을 십자가로 소멸하시고(엡 2:14 - 16).

마지막으로, 그리스도 안에서 우리는 율법에 대하여 죽었다.

내 형제들아 너희도 그리스도의 몸으로 말미암아 율법에 대하여
죽임을 당하였으니(롬 7:4).

그리스도는 우리를 육적 생명에서 끌어 올렸으며 우리가 참여한 그의 죽음을 통하여 세상으로부터 우리를 끊어 버리셨을 뿐만 아니라, 율법의 영역에서 우리를 깨끗이 벗어나게 하셨다. 우리는 율법 아래 있는 것이 아니라 은혜 아래에 있다. 우리를 다스리는 것은 그리스도 예수 안에 있는 생명의 성령의 법이다. 어느 의미에서 그것은 여전히 율법이다. 야고보가 그의 서신에서 말한 바대로 "자유롭게 하는 온전한 율법"인 것이다. 그러나 모세의 율법과 혼동해서는 안 된다. 하나는 자유롭게 하는 법이지만, 다른 하나는 옭아매는 법이다. 하나는 권능을 주어 그리스도처럼 되게 하지만 다른 하나는 죽은 율법주의다. 하나는 새로운 것의 표현이지만 다

른 하나는 옛 것을 통제하고 조정하려는 시도다.

  육적 생명으로부터의 자유, 세상이라는 폭군으로부터의 자유, 자아라는 무시무시한 괴물로부터의 자유를 얻는다는 것이 얼마나 좋은가! 바울이 말하는 바와 같이 진노를 이루게 하는 죽은 율법(롬 4:15)의 율법주의로부터, 두려움과 걱정과 근심의 굴레로부터 자유롭게 된다는 것이 얼마나 좋은가! 하나님의 생명이 넘치는 자유의 영이 얼마나 좋은가!

  그것은 우리가 그리스도와 함께 그의 죽음에 참여할 때, 믿음으로 갈보리의 자유롭게 하는 능력을 내 것으로 삼을 때, 비로소 우리는 우리의 영이 갈망하는 진정한 자유를 체험할 수 있다.

Chapter 5

# 그리스도의 부활에 참여하다

긍휼이 풍성하신 하나님이 우리를 사랑하신
그 큰 사랑을 인하여 허물로 죽은 우리를
그리스도와 함께 살리셨고 또 함께 일으키사

(엡 2:4 - 6)

## 참여함의 의미

우리가 그리스도께 참여하는 것의 의미를 단계적으로 숙고하면, 그것이 헤아릴 수 없는 풍부에 이르게 하는 열쇠이며, 말로 다 할 수 없는 힘을 가진 알라딘의 램프이고 이 땅에서는 꿈도 꿀 수 없는 행복에 이르는 문임을 발견하게 될 것이다.

이 단계를 따라가면 반드시 우리의 태도와 대인 관계, 사고에 근본적인 혁명이 일어나 결국 모든 것이 새롭게 되는 체험을 하게 된다. 우리는 흉내 내기와 갈등, 실패와 혼란으로 점철된 육체의 옛 길과 자아의 옛 길을 뒤돌아보면서 깊은 안도감을 느낄 것이며, 새 날이 밝아온 것에 더할 나위 없이 감사하게 될 것이다. 왕위 계승권을 빼앗겼던 왕자가 수년 동안의 투쟁 끝에 아버지의 궁전에 있는 명성과 부와 권세를 되찾았다 하더라도, 이보다 깊은 감회로 지난날을 돌아볼 수는 없을 것이다.

우리가 주님께 모든 것을 드린 후에 주님께서는 성령을 통하여 우리를 소유하여, 우리의 사고 구조가 주님의 다스림 아래에 있게 하신다. 기도하고 싶은 마음이 드는가? 주께서 기도의 영을 주셔서 살아 계신 하나님의 존전에 나아가게 하신다. 그리고 우리의 기도는 우리에게 불가능을 비웃을 수 있을 만한 능력과 생명력을 갖는다. 지쳐있는가? 주님은 우리를 품에 안으시고 입 맞추어 우리의 심령이 노래하도록 하신다. 시험을 받고 있는가? 주님은 전능한 힘으로 우리를 붙드셔서 우리가 그 안에서 넉넉히 이기는 자가 되게 하신다.

## 놀랍고 영광스러운 진리

다음으로 숙고해야 할 단계는 우리가 그리스도의 부활에 참여하는 문제이다. 우리는 그리스도 안에서 죽었을 뿐 아니라, 그 안에서 살아났다. 자아에 대한 우리의 죽음은 더 크고 충만한 생명, 더 풍성한 생명으로 들어가는 문에 불과하다. 우리는 옛 생명에 임종을 고하고 그것을 무덤 속에 묻어야만(웨이머스 성경의 로마서 6:4 번역은 "우리가 그리스도의 무덤을 공유한 자들이라."고 되어 있다.), 자신이 한없이 놀랍고 영원한 생명을 받은 사람임을 알게 된다. 우리는 살아 계신 하나님의 성전이 되었다. 불화의 요소인 자아("육에 속한 자들은 하나님을 기쁘시게 못하며", "육신의 생각은 하나님과 원수가 되기" 때문에 육의 생명은 제아무리 종교적일지라도 하나님과 원수가 되어 불화에 놓인다.)가 일단 제거되고 나면, 하나님이 다시 우리 속에서 자기 자신의 생명을 시작하셔서 우리는 진정으로 살 수 있게 된다.

긍휼이 풍성하신 하나님이 우리를 사랑하신 그 큰 사랑을 인하여 허물로 죽은 우리를 그리스도와 함께 살리셨고 또 함께 일으키사 (엡 2:4-6).

놀라운 진리다! 영광스런 사실이다! 얼마나 풍성한가! 그 은혜, 그 능력, 그 영광이 얼마나 고귀한가? 얼마나 깊은 의미인가! 그리스도의 부활이 나의 부활이다. 하나님은 그리스도와 함께 나를 일으키셨다. 그는 나의 가장 깊은 필요를 채워 주는 분이다. 나는 풍성한 생명과 영원한 생명을 원한다. 나의 영은 생명을 갈구한다.

사슴이 시냇물을 찾기에 갈급함 같이 내 영혼이 주를 찾기에 갈급하니이다(시 42:1).

예수님은 그 생명이 그리스도인에게 달려 있다고 말씀하셨다.

이 물을 마시는 자마다 다시 목마르려니와 내가 주는 물을 마시는 자는 영원히 목마르지 아니하리니 내가 주는 물은 그 속에서 영생하도록 솟아나는 샘물이 되리라(요 4:13-14).
나를 믿는 자는 성경에 이름과 같이 그 배에서 생수의 강이 흘러나

오리라 하시니(요 7:38).

내가 온 것은 양으로 생명을 얻게 하고 더 풍성히 얻게 하려는 것이라(요 10:10).

나는 생명의 떡이니 내게 오는 자는 결코 주리지 아니할 터이요 나를 믿는 자는 영원히 목마르지 아니하리라(요 6:35).

모든 그리스도인이 누리는, 심지어 아직도 육적 생명에 의해서 다스림을 받는 자들도 누리는 이 신적 생명이 없었더라면(어떤 이들에게 그것이 거의 느낄 수 없는 작은 겨울 시냇물 같고 어떤 이들에겐 그것이 마치 세찬 물결, 곧 생수의 강과 같다. 그 정도의 차이는 그 사람이 그리스도와 연합되었는가의 여부, 또한 그가 얼마나 그리스도를 의지하느냐에 따라 결정된다. 에스겔 46장의 솟아 나는 물에 관한 환상을 참조하라.), 그들은 그리스도의 십자가에 참여할 수 없었을 것이다. 살아 있는 피조물만이 죽을 수 있다. 어느 정도 그리스도의 생명을 받은 영혼들만이 자아에 대하여 죽을 수 있는 것이다. 자아만으로는 자아를 이길 수가 없다. 육적 생명에 대하여 죽기 위하여 반드시 우리 안에 그리스도가 있어야 한다. 그리고 우리가 그리스도를 받아 누리는 그 정도에 따라 자아에 대하여 죽을 수 있다. 다시 말해, 우리가 그리스도 안으로 충만하게 들어가기 위해서는 반드시 자아에 대하여 그만큼 더 죽어야 하는 것이다.

### 우리 안에 역사하는 능력

에베소서에서 바울은 놀라운 기도를 한다. 그는 에베소 교인들에게 이렇게 말한다.

> 내가 기도할 때에 기억하며 너희로 말미암아 감사하기를 그치지 아니하고 우리 주 예수 그리스도의 하나님, 영광의 아버지께서 지혜와 계시의 영을 너희에게 주사 하나님을 알게 하시고 너희 마음의 눈을 밝히사 그의 부르심의 소망이 무엇이며 …… 그의 힘의 위력으로 역사하심을 따라 믿는 우리에게 베푸신 능력의 지극히 크심이 어떠한 것을 너희로 알게 하시기를 구하노라(엡 1:16-19).

우리를 위하여, 우리 안에서 역사하는 이 능력은 믿는 우리에게 언제 나타나는 것이며, 또 그 능력은 무엇인가? 그것은 하나님께서 그리스도를 죽은 자 가운데서 다시 살리실 때 그리스도 안에서 역사하신 능력이다. 그 능력은 그리스도인 안에서 역사하는 어디에도 비길 데 없는 큰 능력이며 그리스도의 부활의 능력이다. 바울은 에베소 교인들이 그 사실을 깨닫기를 갈망했다.

신약이 그리스도인에게 요구하는 사항들을 깊이 생각해보면, 신약 전체가 바로 그리스도인과 그리스도가 하나 되어 그리스도의 부활의 능력에 참여하는 것을 전제로 하고 있음을 깨닫게 된다. 그리스도가 중심인 영혼, 즉 그리스도의 죽음과 부활에 함께한 이 말고는 아무도 그리스도인의 생활과 봉사에서 그리스도께서 보여주신 이상에 도달할 수가 없다. 그리스도의 무한한 생명의 능력에 깊이 참여하지 않으면서 자기 원수를 사랑한다는 것은, 본성을 따르는 사람에게는 지렁이가 새의 흉내를 내는 것보다도 더 불가능한 일이다. 육적 생명이 여전히 남아 있는 그리스도인도 마찬가지이다. 신약성경의 요구 조건은 그 하나하나가 그리스도인에게 즉각적으로 큰 딜레마를 가져다주지 않는 것이 없다.

그리스도인은 본성을 좇는 생명의 영역에서 움직이기를 중단해야 한다. 즉 육적 생명에 대하여 죽고 부활하신 그리스도 안에서 새 생명을 발견해야 한다. 그렇지 않으면 그리스도인으로서 실패할 수밖에 없다. 새 생명, 그리스도로부터 흘러나오는 그 새 생명이 있다면 산상수훈 역시도 하나도 문제될 게 없다. 그것은 모두 당연하고 쉬우며 이미 우리 안에 있는 원리를 표현하는 자연스러운 것이 될 것이다.

육적인 것으로 인간을 움직이는 옛 생명은 타락한 인간과 하나 되는 것을 바탕으로 움직이기 때문에 산상수훈이 모순적일 수밖에 없다. 서로 다른 문화권에 있는 이들에게 서로의 언어와 풍속, 관습이 이해할 수 없고 실용성이 없는 것과 마찬가지로, 거듭나지 못한 자에게는 산상수훈이 전혀 알 수 없고 실용성이 없는 것이 된다. 여기서 거듭난 자란 자아 생명에 대하여 죽고 그리스도와 함께 새 생명의 능력으로 살아난 사람을 말한다.

우리는 그 시대의 위선적인 말로 스스로를 속인다. 우리는 번지르르한 말로 사회적 복음을 얘기하곤 한다. 하늘은 아신다. 우리가 예수님의 교훈을 사회적으로 적용시키는 것이 필요하며, 또 삶의 모든 면에 그리스도의 사랑을 침투시켜야 한다는 것을 말이다.

우리는 주님의 발자취를 따라가겠노라고 쉽게 이야기한다. 그러나 우리는 우리의 사회와 일상에서 예수님이 행하신 대로 그저 단순히 기계적으로 행하는 것은 결코 우리를 그리스도의 생명에 이르게 하지 못한다는 것을 잊고 있다. 죽어 있는 개구리도 기계로 자극하면 살아있는 것처럼 발을 움직일 수는 있음을 기억하라.

## 다시 태어나기

프랑스인을 흉내 낸다고 해서 내가 프랑스 사람이 되는 것은 아니다. 내가 프랑스인이 되려면 현재 내가 아닌 아예 완전히 다른 사람으로 '태어나야' 한다. 그리스도인의 삶에서도 마찬가지이다. 나는 새로이 태어나야 된다. 그리스도께서 나를 이끌어 무덤에 들어가시고, 새로운 피조물로 나게 하신 것도 바로 그 때문이다. 그가 대표로 십자가 위에서 죽으셨을 때 그는 나의 옛 생명을 끝내신 것이다. 그리고 그가 무덤에서 부활하셨을 때 그는 나에게 새 생명을 부여하신 것이다.

그리스도는 육신에게서 아무것도 기대하지 않으신다. 종교적인

의복으로 치장하고, 겉보기에 아무리 거룩하고, 하는 일이 아무리 성스럽다 해도 여전히 "무익한" 것이며 여전히 "육에 속한" 것에 지나지 않는다. 그것은 여전히 육의 영역에 속한 것이고, 여전히 그것은 '자아'이다.

   기독교 신앙은 하나님 편에서만 초자연적인 것이 아니다. 그리스도의 성육신만이 기적의 범주에 들어가는 것이 아니다. 그리스도인 역시 하나님을 소유했다. 그는 또한 그리스도의 부활에 참여한 자로서 초자연의 영향 아래 있다. 기독교 신앙은 죄인을 위해 죽은 그리스도만이 아니다. 기독교 신앙은 그리스도 안에서 죽은 죄인까지 포함한다. 단순히 그리스도만이 죽은 자 가운데서 살아나신 것이 아니다. 그리스도인도 머리되신 주님과 함께 살아났다.

   기독교 신앙은 인간이 하나님께로 다가가는 것이 아니다. 하나님께서 사람의 모양을 입으시고 인자로서 삶의 전 과정을 변화시키면서, 모든 부패의 근원이며 인간 비극의 뿌리가 되었던 괴물, '자아'의 원리를 완전히 없애기 위하여 십자가에까지 복종하신 것이다. 그리고 무덤에서 끌어 내어 부활, 곧 영원한 생명을 주신 것이다. 이것이 기독교 신앙이고 사도의 신앙이며 하나님 아들의 신앙이다.

> 내가 그리스도와 함께 십자가에 못 박혔나니 그런즉 이제는 내가 사는 것이 아니요 오직 내 안에 그리스도께서 사시는 것이라 이제

내가 육체 가운데 사는 것은 나를 사랑하사 나를 위하여 자기 자신을 버리신 하나님의 아들을 믿는 믿음 안에서 사는 것이라(갈 2:20).

## Chapter 6

# 그리스도의 승천이
# 우리의 승천이 되다

그리스도 예수 안에서 함께 하늘에 앉히시니

(엡 2:6)

## 그리스도의 승천까지도 내 것일까?

이 참여의 원리(그리스도와 하나 됨의 원리)는 측량할 수 없을 만큼 깊기 때문에 영적인 사람조차도 그 깊이를 가늠하기가 쉽지 않고, 그 의미를 충분히 이해하기가 쉽지 않다. 그래서 우리는 이에 놀라며 어찌할 바를 모른다. 믿음까지 흔들린다.

나는 몇 년간 사막에 격리되어 지내다가 최근에 바다를 찾았다. 머나먼 수평선은 내 시선을 사로잡았고, 파도 소리는 내 마음에서 오르간 건반처럼 부서졌다. 나는 말없이 서 있었다. 누구든지 자아의 힘으로 그리스도를 흉내 내던 사막에서 오랫동안 지치도록 방황한 후에, 그리스도께 참여함으로 믿는 자가 받는 그 말할 수 없는 부요함의 바다를 처음으로 바라볼 때는 단순히 할 말만 잃는 것이 아니다. 다소 사람 사울처럼 하늘의 환상에 눈이 멀어 땅에 엎드러지는 것이다.

지금 우리가 살펴보려고 하는 참여의 측면을 처음 숙고했을 때 내가 느낀 아찔함을 고백하지 않을 수 없다. 정말 그리스도의 승천까지도 내 것일까? 그것도 훗날이 아니고 바로 '지금' 내 것이란 말인가? 감히 내가 불 병거를 타고 엘리야처럼 영광으로 들려올라간다는 것인가? 성경이 정말 그렇게 가르치는가? 어떻게 땅 위에 있으면서 그리스도와 함께 하늘에 있을 수 있을까? 수천 가지의 의문이 밀려왔다.

그러나 우리가 원하고 감당할 수 있을 만큼 그 비밀 안으로 인도하시는 성령께서 믿음을 주셨다. 나는 믿었고 이제는 안다. 허드슨 테일러가 입버릇처럼 말했듯이 믿음은 보이는 것 이상이다. 믿음은 바라는 것들의 실상이다. 우리는 바로 그것을 실제로 가지게 된다. 믿음은 보이지 않는 실체의 골수이자 정수다.

우리는 그리스도의 죽음과 부활에 참여한 자가 될 뿐 아니라 바로 그의 승천에도 참여한 자이다. 바울이 말하듯이 우리는 "그리스도 예수 안에서 함께 하늘에 앉힌" 바 되었다(엡 2:6). 예수님은 그 경우를 그의 대제사장적 기도에서 말씀하신다. 그 기도의 가장 큰 목적이, 우리가 말하고 있는 바로 이 연합이다.

곧 내가 그들 안에 있고 아버지께서 내 안에 계시어 …… 아버지여 내게 주신 자도 나 있는 곳에 나와 함께 있어 아버지께서 창세 전부터 나를 사랑하시므로 내게 주신 나의 영광을 그들로 보게 하시기를 원하옵나이다(요 17:23-24).

아버지께 가려는 마음이 있음이 명백하다. 그는 이미 이렇게 말하였기 때문이다.

> 나는 세상에 더 있지 아니하오니 …… 아버지께로 가옵나니 (요 17:11).

믿음으로 이미 예수님은 아버지의 우편에 앉아 계셨다. 그는 십자가와 빈 무덤과 승천을 통하여 그가 버리고 오신 보좌로 다시 돌아가셨고, 믿음으로 하나님의 예지 속에서 그의 신비한 몸을 이룰 자들을 그와 함께 앉히고 계셨다. 이 하늘의 신랑은 신부를 자신의 보좌 옆에 앉히신다.

그리스도인과 그리스도는 하나다. 그러므로 구세주께서는 이렇게 말씀하실 수 있었다.

> 아버지께서 나를 사랑하심 같이 …… 그들도 사랑하신 것을 ……
> (요 17:23).

그리스도는 이 목적을 위해 오셨다. 자신에게 새로운 가지를 접붙이기 위하여, 인자로서 자신이 머리가 되어 새 인류를 만들기 위하여, 두 번째 아담으로서 새 인류의 머리가 되어 오셨다. 그리고 이 새 사람(몸)은 반드시 그의 십자가와 부활에 참여해야 하듯이, 그와 함께 하늘로 승천해야 한다.

## 우리의 승천이 실제가 되다

이것은 잠재적인 승천이다. 그러나 지금 우리의 생에서도 실제가 될 수 있다. 우리는 반드시 우리의 소유를 가지는 법을 배워야 하고, 하나님을 신뢰함으로 실제로 우리의 것이 된 것을 믿는 법을 배워야 한다. 우리의 "체험적인 신분"은 반드시 우리의 법정적 신분과 일치해야 한다. 하나님께서는 우리가 죽었으며 또 부활하였고, 하늘에서 그리스도와 함께 앉아 있게 되었다고 판결하신다. 아버지께서는 "그리스도 안에서 하늘에 속한 모든 신령한 복(엡 1:3)"을 주셨다.

F. B. 마이어가 이야기했듯이 성령이 취하는 동사의 시제를 살펴보는 것이 좋다. 그것은 지금 우리의 것이다. 그리스도 안에서 하늘에 속한 모든 신령한 복을 주셨다. 그리스도 안에 있는 우리의 기업을 얻게 할 것은 육체적인 분리인 죽음이 아니다. 그것은 믿음이다. 우리는 지금 그리스도와 함께 하늘에 앉을 수 있다. 왜냐하면 하나님께서 그리스도 안에서 우리를 하늘에 앉히셨기 때문이다. 만일 이것이 보잘것없는 자녀들에게 너무 크고 놀라운 축복으로 느껴진다면, 아무리 작은 영적 축복도 같은 방식으로 온다는 것을 잊지 말자. 우리가 대담하게 하나님 아버지를 부를 수 있는 것은 오직 우리가 그리스도 안에 있기 때문이다. 그리스도가 아니고서는 아무리 작은 것이라도 얻는 것이 전혀 불가능한 것인데, 어째서 그리스도와 함께 가장 높은 곳에 이르지 못할 것인가?

자기 아들을 아끼지 아니하시고 우리 모든 사람을 위하여 내주신 이가 어찌 그 아들과 함께 모든 것을 우리에게 주시지 아니하시겠느냐(롬 8:32).

이기는 그에게는 내가 내 보좌에 함께 앉게 하여 주기를 내가 이기고 아버지 보좌에 함께 앉은 것과 같이 하리라(계 3:21).

몇 년 동안 아프리카에서 선교사로 지낸 펙 박사는 『보좌의 삶 또는 천국의 삶(Throne Life, or Life in the Heavenlies)』이라는 자신의 책에서 그리스도인 삶의 이 측면을 독특하게 설파하고 있다. 그는 그리스도인이 죽음 후에 영광으로 들어가기 전에 그리스도와 함께 천국에서 자리를 같이할 수 있으며 구세주의 보좌의 삶을 살 수 있다고 하였다. 펙 박사는 가나안 정복, 젖과 꿀이 흐르는 땅으로 이스라엘 민족이 들어간 사건을 위대한 구약의 모형으로 본다. 가나안은 모든 믿는 자가 부름 받은 보좌의 삶, 즉 그리스도와의 더할 수 없이 높은 연합을 나타낸다. 여호수아는 성령을 나타내며 우리에게 신앙을 북돋아 믿음을 나눠 주고 그리스도와의 이 연합으로 인도한다. 가나안 족, 아낙 자손, 거인 등은 악의 세력, 사탄 등을 나타내며, 그리스도인이 약속의 땅을 '취하려는' 것을 막는다. 즉 그리스도인이 그리스도와 함께 하늘에 같이 자리하지 못하게 방해한다. 여호수아에 관해서 여호와께서는 "너희 발바닥으로 밟는 곳을 모두 내가 너희에게 주었으니(수 1:3)"라 하셨다. 그와 같이 성령께서도 믿는 자에게 "우리 주 예수 그리스도의 아버지께서 그리스도 안에서 하늘에 속한 모든 신령한 복을 우리에게 주셨다."고 하신다. 그것은 신실하게 이루어진다. 그것은 법정적으로 그리스도인의 것이고 실제로는 믿음의 행사를 통해 우리의 것이 된다.

비록 펙 박사의 이 메시지가 돌밭에 떨어졌다 할지라도(그런 메시지는 성령의 가르침을 받는 마음만 받을 수 있는데, 그런 사람이 별로 없는 것 같다.), 그 영광스러운 진리는 남아 있다. 그리고 하나님께 찬양할 것은, 교회가 깨어나 그 영광스러운 유산을 주장하려 한다는 것을, 하늘에 있는 교회의 자리를 차지하려 한다고 믿게 할 만한 일들이 많다는 점이다(그리스도가 재림하실 때에 교회가 변화되는 것을 가리키는 것이 아니다.).

나는 이것이 전혀 '쉬운' 교리도 아니고, 결코 '가벼운' 일도 아님을 인식한다. 그러나 그리스도의 강림, 그의 고난, 그의 죽음, 그의 세계 복음화에 대한 위대한 계획에 관련된 일 치고 손쉽고 간단한 일이 어디 있겠는가? 그렇다. 아무리 위대한 지성을 가진 자라도 교만을 송두리째 뽑을 필요가 있다. 그렇게 할 때 이 점에서 실족하여 넘어지지 않을 것이다. 오직 기름 부음을 받아 거룩하게 된 눈만이 휘장을 꿰뚫고 왕의 밀실을 볼 수 있는 것이다. 우리가 성령의 기름이 없이는 그리스도론의 A, B, C도 포착할 수 없다면 X, Y, Z 역시 쉽게 체득할 수 없는 것은 당연하다. 요한 사도에 따르면, 모든 것을 가르치고 진리이며 거짓이 하나도 없고 우리에게 그리스도 안에 거하는 법을 가르쳐 주는 성령의 기름 부음과 동일한 기름 부음이, 우리로 하여금 그리스도의 삶, 왕이신 삶에 잠재적으로 참여하게 할 뿐 아니라 실제적으로도 참여할 수 있게 할 것이다.

나는 이 점에서 일부 심리학이 도움을 줄 것이라 확신한다. 성경뿐 아니라 과학도 사람이 3분할적인 존재임을 밝혀준다. 사람은 영, 혼, 육으로 되어 있다. 바울은 말하기를 "평강의 하나님이 친히 너희로 온전히 거룩하게 하시고 또 너희 온 영과 혼과 몸이 우리 주 예수 그리스도 강림하실 때에 흠 없게 보전되기를 원하노라(살전 5:23)."고 하였다. 성경은 끊임없이 영과 혼 사이를 구별한다. 말씀이 혼과 영을 찔러 쪼개기까지 한다(히 4:12)고 하였다. 사람이 타락했을 때 그는 영적으로 죽었다. 영은 하나님을 의식하는 자리이고 하나님께서 다스리시고자 하는 곳이다. 하나님께서는 혼의 그릇 속으로, 그 다음 육으로 들어오셨다. 그는 육신이 되셨다. 우리는 주께서 사람 만드신 것을 후회하신 것을 읽는다. 인간이 "육신이 되어 버렸기(창 6:3)"때문이다.

이제 위대한 구속 사역에서 하나님의 목적은, 영을 통해 하나님에 대한 깨달음을 사람들에게 다시 한 번 일으키는 것이다. 그리고 사람의 영을 더욱 고무시켜 자유롭게 하고, 혼적이고 육적인 곳에서 영을 풀어 놓는 것이다. 그리하여 사람을 영에 의해 지배되는 자리로까지 다시 한 번 높이시려는 것이다.

이처럼 십자가는 혼과 영을 끊고 쪼개야만 한다. 영이 일단 육의 노예 상태에서 해방되면 하늘에 있는 그리스도의 보좌를 함께 누리는 것이다. 그리스도인의 생명은 보좌로부터 나오는 끊임없는 물줄기에서 흘러 나와야 한다. 영에 관한 한, 그는 지금 여기에서 그리스도의 왕국으로 옮겨졌다. 예수님은 공생애 동안 바로 그러한 관계 속에서 계셨다. 그는 이렇게 말씀하실 수 있으셨다.

> 하늘에서 내려온 자 곧 인자 외에는 하늘에 올라간 자가 없느니라 (요 3:13).

예수께서 땅에서 사역을 행하시고, 갈릴리 해변에서 전도하실 동안에도 그의 영은 하늘에 있었다. 그의 생명은 보좌로부터 나오는 끊임없는 강물에서 흘러 나왔다. 혼과 몸은 그 아래 있었다.

이제 믿음으로 말미암아 우리가 우리의 자리를 하늘에 펼 때, 우리의 영은 육적 생명의 요새로부터 해방된다. 우리의 영은 혼적 생명으로부터 풀려 나오는 것이다. 우리는 더 이상 자아에 매여서 살지 않으며 해방된 것이다. 우리의 생명은 더 이상 그 주변에서 살지 않는다. 그것은 중심에서부터 그 주변으로 흐른다. 그래서 우리는 진정으로 우리 자신으로 돌아오게 되어 하나님의 자녀로뿐 아니라 인간으로서 돌아오게 되는 것이다. 가장 고차원적인 인간성, 주님의 인격이 우리 안에서 펼쳐지는 것이다.

이것의 특권을 충만하게 누리면서 살 때 그리스도인의 삶의 영광이 이루어진다! 그리스도께서 우리를 위해 이루어 놓은 구속의 모든 부요함에 참여하는 법을 배울 때 그리스도인들은 삶의 영광을 누린다! 그러나 그리스도께서 우리에게 주시는 모든 것을 우리가 받아들이지 않음으로, 우리의 영이 얼마나 가난한 모습인지, 우리의 삶이 얼마나 메말랐는지, 또 아직도 사망이 우리를 덮고 있음까지 모두 알 수 있기를 바란다.

우리가 다 그의 충만한 데서 받으니 은혜 위에 은혜러라"(요 1:16).

그의 충만함 중에 우리가 받아들인 부분이 얼마나 작은가? 얼마나 많은 그리스도인이 굶주림 가운데 살고 있는가? 왕 되신 주님께서 언제나 그리스도인들에게 하나님의 생명을 충만히 채워 주시고 그 생명으로 옷 입혀 주시며 그의 충만함에 뿌리를 내리게 하시어, 멸망해가는 이 세상에 생명의 강물이 주시는데도 아직도 그런 생활을 하고 있는가!

아가서에서도 사랑하는 자(그리스도)는 그의 연인(신부, 교회, 또는 각 그리스도인)에게 이렇게 말한다.

내 누이, 내 신부는 잠근 동산이요 덮은 우물이요 봉한 샘이로구나 …… 너는 동산의 샘이요 생수의 우물이요 레바논에서부터 흐르는 시내로구나(아 4:12 - 15).

## Chapter 7

## 그리스도의 승리가
## 우리의 승리가 되다

통치자들과 권세들을 무력화하여 드러내어
구경거리로 삼으시고 십자가로 그들을 이기셨느니라
(골 2:15)
이기는 그에게는 내가 내 보좌에 함께 앉게 하여 주기를
내가 이기고 아버지 보좌에 함께 앉은 것과 같이 하리라
(계 3:21)

## 우리의 원수를 상대하기

그리스도인이 걷는 순례의 길에 위험이 없던 적은 없다. 온갖 시험이 그의 길을 막는다. 길이 멀면 멀수록, 은혜가 크면 클수록 함정은 더 교묘하고 반대는 더욱 심하다. 구세주께서 가장 날카롭고 모진 갈등을 겪은 때는 최대 성취의 시간, 최고 차원의 영적 성취에 도달하는 순간의 막바지였다. 그리스도인도 마찬가지다.

우리의 원수가 얼마나 필사적이며 강한가, 대적이 얼마나 잔인한가, 반대가 얼마나 줄기찬 것인가는 우리가 가장 높은 영적 차원에 이르기 전에는 결코 알지 못한다. 믿는 자가 그리스도와 함께 하늘에 있기를 주장할 때, 큰 원수인 어둠의 주관자가 가장 교활한 술책을 쓰고 가장 강력한 무기를 사용하기 시작한다.

육적 생명의 지배를 받는 동안에는 사탄의 힘이 존재하는가의 여부가 충분히 의심될 수 있다. 그것이 잘 보이지 않는 것이다. 영이 아직 해방되지 못했기 때문이다. 사탄은 그리스도께 속했다 말하면서도 남아있는 자아가 이런저런 모양으로 왕 노릇하는 사람과는 별로 다투지 않는다. 옛 생명이 제거되지 않는다면, 십자가를 막연한 상징으로 밖에는 보지 않는다면, 또 영적인 기능을 해방시키고 그리스도의 승천하신 능력으로 그리스도와 연합하는 십자가의 못 박힘이 내면에서 일어나지 않는다면, 원수는 별로 놀라지 않는다. "우리의 씨름은 혈과 육을 상대하는 것이 아니요 통치자들과 권세들과 이 어둠의 세상 주관자들과 하늘에 있는 악의 영들을 상대함이라(엡 6:12)."고 한 바울의 말을 이해하게 되는 것은, 그리스도인이 머리 되신 이와 함께 죽음을 당한 자신의 신분을 깨닫고, 영으로 그와 함께 진정한 능력의 장소로 올라 갈 때이다. 그때야 비로소 구주의 십자가의 깊은 의미를 이해하기 시작한다.

예수님께서 오신 것은 단지 아버지의 사랑을 보여주고 인간적 삶의 차원에서 하나님의 의도를 표현하기 위한 것만이 아니었다. 또한 병을 고치고 가르치시기 위한 것만도 아니었다. 단순히 십자가 위에서 그의 생명을 많은 사람의 대속물로 주시기 위한 것만도 아니었다. 엄밀히 그것들은 2차적인 목적이었다. 인간의 눈이 어두워서 이해하지 못하기 때문에 거의 언급되지 않는 하나의 최상의 목적이 있었다. 드러나지 않은 뒷면에서 장엄한 드라마가 펼쳐지고 있었다. 예수님께서는 사탄이 번개처럼 하늘로부터 떨어지는 것을 보셨던 것이다. 실질적인 원수를 보셨고, 한순간도 속지 않으셨다. 인간의 삶 뒤에서 세상을 뒤덮은 큰 마귀 떼를 보셨다. 사람들은 어둠의 세력에게 지배당하고 있었다. 주님의 가장 큰 영광, 구속주로서 최상의 가치는 그가 그 세력을 이길 수 있었다는 사실에 있었다. 그는 광야에서 원수를 대적하였고 승리자가 되셨다.

구주께서 마지막 날 밤, 그의 십자가를 사탄의 세력과의 싸움으로 해석하신 것은 의미 있는 일이다. 그는 "이제 이 세상의 심판이 이르렀으니 이 세상 임금이 쫓겨나리라(요 12:31)."고 말씀하셨다. 바울은 이를 꿰뚫어 보았다. 왜냐하면 그는 예수님께서 죽으심을 통해 죽음의 세력을 가진 마귀를 멸망시켰다고 썼기 때문이다(히 2:14).

그는 다른 곳에서 구주의 십자가를 언급하면서, 통치자들과 권세들을 벗어 버리고 그들을 향한 승리를 밝히 드러내신 것이 갈보리 언덕 위에서였다고 하였다(골 2:14 - 16). 우리가 인식하지 못하는 영적인 차원에서 투쟁이 일어났을 때에도(요한계시록에는 하늘에 전쟁이 있었다고 하였다.), 빛의 세력들은 이기기 위하여 갈보리에 호소했고, 그리스도의 승리를 기초하여 승리를 얻을 수 있었다.

또 우리 형제들이 어린 양의 피와 자기들이 증언하는 말씀으로써 그를 이겼으니(계 12:11).

## 사랑의 계획

그러나 하나님은 전능한 분이 아니신가? 어째서 하나님은 한방에 모든 사탄의 권세를 거꾸러뜨리지 않으셨을까? 하나님께서는 그렇게 할 수 있으셨다. 그러나 그것으로 그의 목적을 이루거나 문제를 해결할 수는 없었다. 사람은 죄를 지었다. 사람은 "거짓의 아비"에게 속아왔다. 인간은 사탄과 공범이었던 것이다. 죄로 물든 세상이 악취를 내뿜는데도 사람은 무의식적으로 자신을 타락한 괴수의 큰 계획에 빌려 주었다. 하나님을 인정하지 않았다. 최초의 장막에서 배신이 일어났다. 그래서 인간은 '자신의 자유 의지로 사탄과의 관계를 끊고 아버지께 돌아오는' 것이 필요하였다.

그리스도는 '사람'으로서 사탄을 이겨야 했다. 여기에 그 모든 공덕이 있다. 승리한 것은 사람이 사용할 수 있는 방법과 무기를 사용한 '사람', 즉 '인자'였다. 하나님을 향한 우리의 주권을 빼앗은 자의 권위에 도전하고 하나님을 위해서 싸웠던 것은 '사람'이었다.

그것은 구주에게 십자가의 치욕과 수치를 요구하였다. 왜냐하면, 사탄은 유대인들을 악마적인 증오로 불타게 했기 때문이다. 예수님처럼 미움을 받은 자도 없었고, 예수님처럼 사랑을 받은 자도 없었다. 마귀를 기초로 하지 않고서는 어떠한 것도 이 증오를 만족할 만큼 설명할 수 없다. 어째서 누구보다도 가장 선한 사람이 미움을 받아야 했던가? 네로도 그 정도로 미움을 받지는 않았다. 예수님은 수천의 사람들을 친구로 삼으셨고 값으로 따질 수 없는 보화를 나눠 주신 분이었다. 성경의 원리를 받아들이기 전까지 우리는 이에 대해 결코 이해할 수 없을 것이다. 또 "유다에게 사탄이 들어갔다(눅 22:3)."는 내용을 볼 수 있다. 사탄이 지옥의 진노로 그들의 마음을 불타게 했다.

다시 우리가 관심을 둔 화제로 나아가 보자. 이 모든 것이 그리스도에 참여하는 것과 어떤 관계가 있는가? 모든 면에서 관계가 있다. 우리는 그리스도의 죽음으로 세례를 받을 뿐 아니라, 영원한 생명의 능력으로 그와 함께 일으키심을 받았다. 우리는 지옥의 세력을 이긴 그의 승리에 참여한 자가 되었다. 인자가 그것을 성취하였을 때 우리도 그 안에서 잠재적으로는 성취한 것이다. 아무리 미천한 그리스도인이라도 거대한 괴물을 발로 짓밟을 수 있는 능력이 생겼다. 아무리 약한 제자라도 그리스도와 하나 됨을 깨달으면 그리스도의 이름으로 "강한 자를 결박"하고, 그의 소유물을 빼앗을 수 있다.

이런 이유 때문에 반드시 죽음을 통과해야 한다. 자아 생명과 사탄의 영은 알지 못하는 사이에 아주 친밀해졌다. 자아 생명이 아무리 세련되었다 해도, 이 세대의 문화와 함께 반짝이며 여러 자연 종교 가운데서 종교적으로 빛을 발한다 해도, 그것은 여전히 자아일 뿐이며 육의 생명이다. 하나님의 저주 아래에 있는 것이다. 지독한 타협의 냄새와 고약한 냄새를 풍긴다. "육신의 생각은 하나님과 원수가 되나니(롬 8:7)." 육은 하나님을 사랑하는 체하면서 동시에 미워한다. 자아 생명이 지배하는 곳에서는 어떠한 종교적인 신앙고백이 있다 할지라도, 사탄이 역사할 기반이 넘치도록 많다. 사탄이 전쟁 무기를 운반할 철로가 이미 놓여 있다. 자연 세계에도 그와 같은 것이 있다. 빛과 전기가 얼마나 잘 융화되는가? 전등과 전류 또한 얼마나 잘 융화되는가? 햇볕과 자연의 푸른 초원은 얼마나 잘 조화되는가? 그것들은 서로 섞이고 엉켜 하나가 된다. 자연 질서에 있어서 서로 잘 맞는 것이 있는 것과 마찬가지로 영적인 경우에도 그렇다. 만일 자아 생명이 왕 노릇한다면, 사탄이 굳이 따로 초청받을 필요가 없다. 전류가 흐를 전선이 이미 설치된 것이다. 물론 드러나게 존재를 나타내지는 않지만 사탄이 모든 행위의 주인이 된다. 모두 그의 것이다. 그래서 성경은 위로부터 오지 않는 지혜를 "땅 위의 것이요, 정욕의 것이요, 귀신의 것(약 3:15)"이라고 말하는 것이다.

## 흔들리지 않는 원리

그러므로 되풀이해 말하지만 우리는 반드시 죽음을 통과하여야 한다. 인자께서는 죽음, 즉 십자가에서 경험하신 절대 타협이 없는 자아 생명의 완전한 부정을 통해서 죽음의 권세를 가진 마귀를 무너뜨리셨다. 그리스도인은 '그 죽음' 가운데 심어졌다. 하나님의 아들의 십자가에 접붙여졌다. 우리의 옛 사람이 그리스도와 함께 십자가에 못 박혔다. 그리스도 안에서 그리스도인은 죽는다. 그리스도인이 구주의 무덤에 함께 참여한다. 그리고 그리스도인이 그리스도 안에서 죽을 때, 우리를 향한 사탄의 지배가 무너졌다. 사탄과 연합된 육적 생명이 무너졌기 때문이다.

하나님은 모든 영역에서 법에 따라서 일하시지만, 영적인 영역에서는 그 어느 영역에서보다 더 엄격하시다. 하나님과 원수가 되는 육의 생각이 자유롭게 활동하는 곳에서, 사탄의 세력이 자기 권세를 주장하고 세력을 유지하는 데 아무 어려움이 없는 것은 법과 같이 자명하다. 육의 생각을 지배하는, 바로 그 원리를 기초로 사탄의 세력이 움직이기 때문이다. 그리스도의 죽음의 효력을 자기 것으로 만드는 데 실패한 영혼, 그리스도의 죽음의 능력 안에서도 육의 생명, 이른바 '옛 아담의 생명'을 버리지 못한 영혼은 그리스도께서도 사탄의 세력에서 해방시킬 수 없었다.

만일 주님께서 그런 영혼을 해방시키신다면 그는 우주에 대하여 진실하시지 못한 것이 된다. 그는 사탄의 권리마저도 존중하는 분이시다. 그는 우주의 법칙을 존중하신다. 그는 도덕률의 요구를 철저히 지키는 가운데서만 인간을 구원하실 수 있는 것이다. 다시 말해, 그는 반드시 자기 자신에 대하여 진실하여야 했다. 그는 그 자신의 본성을 거스르실 수가 없다.

나는 이 원리가 작동하는 것을 본적이 있다. 내가 잘 아는 선교사 한 분이 이상한 문제를 겪고 있었는데 그것은 어디로 보나 귀신이 들린 것이었다. 그 선교사는 곧 정신 착란을 일으키게 되었다. 귀신에 대하여 철저한 연구를 한 중국의 화이트 박사가 말한 바와 같은 분명한 증세였다. 나는 이 사랑하는 동료의 입술에서 나오는 불경한 소리를 들어야만 했다. 그 입술은 수년 동안 그리스도를 선포하던 입술이었다. 어떤 이는 그의 말에 "이것은 지옥에서 온 마귀임에 틀림없다."고 부르짖었다. 그렇게 고통스런 날들이 있기는 했었지만, 마침내 기도가 승리하였다. 만일 주의하지 않거나 하여 자아 생명의 형태나, 혹은 지옥에서 나오는 가짜나 거짓을 받아들임으로 사탄이 역사할 기반을 제공한다면, 선교사라도 이 같은 일에 예외일 수 없다.

그래서 악한 영들에 대한 그리스도의 권세 역시 그리스도인에게 위임되었다. 어느 날 나는 그리스도인의 '집행권'라 불리는 것에 대하여 깨달음을 주는 장면을 목격했다. 멕시코시티의 한 도로에서 보이스카웃 단원들이 교통 정리하는 법을 배우고 있었다. 그 중 '경찰관' 발판 위에 서 있는 한 소년이 눈에 띄었다. 그 소년은 교통 수신호를 하였고 차량들은 그 신호에 따랐다. 만일 일만 대의 자동차가 레포르마 거리에 밀려서 한 줄로 진행하고 있다 하더라도, 그 소년은 손동작 하나로 그 차량 행렬을 멈추게 할 수 있었다. 어째서인가? 그는 멕시코 공화국의 권위로 그 자리에 서 있었기 때문이다. 그것은 신기한 법이었다. 그것으로 충분했다. 예수님께서는 제자들에게 이르셨다.

> 내가 너희에게 …… 원수의 모든 능력을 제어할 권능을 주었으니
> (눅 10:19).

그들은 돌아와서 놀라며 부르짖었다.

주여, 주의 이름이면 귀신들도 우리에게 항복하더이다(눅 10:17).

헬렌 몽고메리의 『기도와 선교(Prayer and Missions)』에 소개된 이야기다. 어떤 가난하고 슬픔에 찬 아버지가 목사의 집에 와서는 자기 딸이 귀신 들렸으니 도와 달라고 간청하였다. 목사는 집에 있지 않았다. 목사의 아들이 그 상황을 금방 눈치 챘다.

"제가 가겠습니다. 저는 아버지께서 귀신을 쫓아내는 것을 보았어요. 어떻게 귀신을 쫓아내는지 저도 압니다."

젊은이는 이렇게 말한 뒤, 그곳으로 가는 도중에 자기의 죄를 고백하고 주님께 도움을 요청하였다. 그는 도착하자마자 몸을 뒤틀면서 입에 거품을 물고 있는 가련한 소녀에게로 안내 받았다. 그는 갑자기 보이지 않는 영에게 덤벼들었다. 그녀는 보이지 않는 영 때문에 넘어졌다. 그 젊은이는 "예수 그리스도의 이름으로 명하노니 나가라."고 외쳤다. 그 영은 복종하였고 그 소녀는 그 즉시 나았다.

자기와 그리스도의 하나 됨을 인식하는 겸손한 그리스도인이라면, 바로 하나님 아들의 그 권위로 옷을 입는 것이다. 우리가 천사를 심판할 것 아닌가? 하나님이 우리를 위하시면 누가 우리를 대적하겠는가? 진정으로 명하는 대로 산들도 들려 바다에 던져지리라. 사도들은 이 권능을 행하였고, 우리도 그것을 행할 수 있다.

그리스도께서는 자기의 양 떼 중 가장 비천한 양의 명령도 효력 있게 하실 준비가 되어 있으시다. 만일 그 양이 순종하기만 하면 말이다. 그러나 그리스도께서 우리의 전부를 소유하시기 전에는, 우리는 그리스도께서 우리를 위하여 가지신 모든 것을 가질 수 없다. 우리에게 한 조각의 자아 정도는 별 것 아닌 것처럼 보인다. 그러나 하나님은 그것을 십자가에 비추어서 보신다.

자아는 성자를 십자가에 못 박는다. 자아의 참다운 척도는 십자가이다. 빌라도는 유대인들이 질투하여 그리스도를 십자가에 못 박은 것을 알았다. 갈보리 십자가가 있은 후에 누가 질투를 가볍게 생각할 수 있었는가? 질투의 손은 왕의 피로 붉게 물들어 있다. 자아는 여전히 괴물이고, 우리가 자아를 왕좌에서 몰아내고(몰래 감언이설로 자아를 속인다든지, 숨겨진 사랑으로 자아를 아끼지 않고), 그리스도의 십자가가 실제적으로 자아를 죽이기까지, 우리는 우리 스스로에게서 무한한 부와 권능을 빼앗고 있다. 하나님은 우리가 그리스도와 함께 왕 노릇하게 하기 위하여 그와 함께 죽을 마음을 허락하신다. 그때 귀신들은 바로 우리에게 복종할 것이다.

## 어둠을 주관하는 자에 관하여

우리는 모두 이 어두운 주제를 어떻게 다루어야 할지 난처하다. 오늘날의 기독교 지도자, 교사, 설교자들 가운데서 아무도 자기들의 명예를 걸고 이 문제로 기꺼이 뛰어들려고 하는 자가 없는 것 같다.

오늘날 교회는 이 복잡한 문제에 빛을 비추는 일이 시급하다. 모두 교회의 지붕 밑에서 튀어 나오는 '학설'들을 주목해 보라. 성령의 은사와 관련한 이상한 교리들, 건전한 것처럼 보이고 충분히 성경에 근거하고 있는 것 같이 보이는 이상한 교리들이 그리스도의 몸(교회)에 치명적인 이변을 일으키고 있으며, 더 충만한 빛을 찾으려는 가장 열정적인 그리스도인들을 광신주의의 구렁텅이에 몰아넣고 있다. 바울에 의하면 말세에 "귀신의 가르침(딤전 4:1)"이 교회에 홍수처럼 범람할 것이라 하였다.

나는 십자가를 전하는 선교사로서 일하는 동시에, 사탄의 날개에 억압되었던 수년 동안을 되돌아보면 몸서리가 쳐진다. 선교사가 사탄의 눌림을 받는다니, 너무나 역설적이지 않은가! 장기적인 투쟁의 고통, 그 때 나는 지옥의 군사들에 휩쓸렸고 그들은 자기들의 손을 빠져 나가는 나를 보았다. 나의 연약함을 아시고 나를 구출하러 오신 신실하신 목자가 아니었더라면, 원수의 교묘한 역사를 드러낸 주의 빛이 아니었더라면, "육신에 속한 것이 아니요 오직 어떤 견고한 진도 무너뜨리는 하나님의 능력(고후 10:4)"의 무기로 나를 단련시켰던 그 고된 훈련이 아니었더라면, 이 어둠의 권세자들과의 싸움의 결과가 지금과는 퍽 다른 양상이었을 것이다.

이런 일은 선교사가 여러 세대 동안 마귀의 강력한 요새 속에 갇힌 이들을 위해 마귀 세력과 싸우러 나가는 해외에서만 있는 일이 아니다. 얼마나 많은 그리스도인이 어둠의 영과 그 무게를 느끼며 크게 속이는 자 때문에 곁길로 접어들고, 어둠의 세력들의 속박에서 신음하는가! 그런 일이 이른바 기독교 국가라고 하는 나라에 얼마나 많은가! 사탄의 억압에서 벗어나 그리스도께서 가능하게 하신 완전한 자유를 누리는 그리스도인들이 얼마나 소수인가!

이 세상의 어둠을 주관하는 자들은 조금밖에 언급되지 않는다. 마귀에 대한 개념을 조롱하는 것이 유행처럼 되었다. 볼테르와 같은 이는 그런 것이 존재한다는 사실을 믿지 못한다고 하였다. 그러나 그 역시도 바로 이 괴물이 주는 치명적인 공포 가운데서 살았다. 오늘날 설교자들마저도 이 어둠의 주관자에 관한 성경의 사상을 의심하는 것을 자랑스럽게 여기고 있는 듯하다. 악과의 투쟁에 있어서 구세주에게 그렇게 절실했던 것이 거의 언급되지 않는다니!

사탄은 수백만의 군사로 온 땅에 접근하여 영혼을 억압하고, 속이고, 죽이고, 악을 충동질하고 하나님과 불화를 일으켜 수렁에 빠뜨리려 한다. 현재, 그의 주요 전략은 기독교를 혼탁하게 만드는 일인 것 같다. 그는 수천 가지 방법으로 본질을 빼내고 있다. 그는 소금에서 짠 맛을 제거하고 참된 그리스도인의 삶이라는 순수한 포도주에 물을 붓고 있다. 흔히 말하듯이, 마귀는 몇 가지의 진리들을 거짓말이라고 유포시킨다. 그는 우리의 모든 분쟁의 원인이 된다. 또한 그는 겉만 번지르르한 많은 학설들의 아버지이다.

만일 당신이 그 모든 것을 육적 생명의 체계 안에서만 지킨다면,

마귀는 당신에게 부흥을 가져다주기까지 할 것이다. 십자가를 높이지 않는 부흥, 한 영혼도 십자가에 함께 못 박히는 데 이르지 못하는 부흥, 죽음과 부활에서 내적으로 그리스도와 하나 됨에 대한 깊은 인식으로 이끌어주지 못하는 부흥은 하늘의 생명록에 기록되지 못한다. 가장 심각한 것은 사탄이 그의 가장 정교한 책략을 부흥의 핵심 가운데에 철저히 위장해서 감추고 있을 수 있다는 것이다. 다른 진리들과 관계를 맺어 나온 진리의 모양을 하고, 약간 엄격하게 종파적인 관점을 강조하고, 어떤 신학 체계의 승리를 위한 열심을 집어넣고, 감정을 지나치게 자극하고, 가짜를 통해 '본성의 바퀴'를 움직이게('육적 생명'을 충동질하게) 하는 그런 책략을 부흥의 핵심 속에 감출 수 있다는 것이다.

    마귀는 육적 생명의 에너지 안에서 이뤄지는 일이라면, 사람이 그리스도를 따르는 것을 기꺼이 환영한다. 그는 종교를 두려워하지 않는다. 사실상 사람이 종교적이라는 것(즉, 초자연에 굴복하는 것)은 절대적으로 본질적인 것이다. 왜냐하면 마귀는 초자연에 대해 눈이 열린 영혼들을 훨씬 더 유익하게 사용할 수 있기 때문이다. 역사상 가장 큰 범죄는 종교의 이름으로 자행되었다.

    그러나 사탄이 두려워하는 한 가지는 바로 그리스도의 십자가이다. 단순한 상징으로서의 십자가를 말하는 것이 아니다. 갈보리 십자가가 의미하는 모든 것이다. 그것은 어둠의 세력들에 대한 그리스도의 승리, 세상 죄를 위한 그의 대속적인 죽음이었다. 믿는 자가 죽음에서 그리스도와 하나 된다는 것은, 마비 박사의 용어를 빌리면 '죽음과 부활 사이 중간 과정에서의 고유한 권능'이다. 이것은 내가 숨기만 한다면, 악한 자의 궤계로부터의 피난처가 될 바위 틈이다. 지옥의 문들이 결코 그 피난처를 방해하지 못하리라.

## 사탄이 노리고 있는 터전

수백만의 그리스도인이 그들의 은밀한 영혼 속에서 자기의 생명과 행위에 관한 한 사탄의 권세가 아직도 부서지지 않음을 안다. 자기 스스로 아직 희생당하고 있다는 것을 느끼는 자들, 즉 전적으로 자유를 얻지 못한 자들을 위하여, 나는 다음의 제안을 하고자 한다.

먼저 우리는 모든 터전을 제거하여야 한다. 우리가 사탄의 거짓말들을 받아들일 때 그에게 터전을 내주는 것이다. 그는 자기의 거짓을 그리스도인의 신앙이라는 모든 색깔로 덮어버린다. 그는 말씀을 인용하기도 한다. 예수께서 당하신 광야의 시험을 주목해보라. 우리가 육적 생명을 제거하기 위하여 그리스도 십자가의 권능을 우리 자신에게 적용하지 못하면 사탄에게 터전을 내어주는 셈이다. 만일 당신 안에 옛 생명, 육적 생명이 우세하다면, 수천 개의 무의식적인 통신 선로가 사탄을 위해 설치된 셈이다. 우리는 지금까지 건너온 다리들을 불태우고 하나님의 진영으로 넘어가야 한다. 우리가 죄를 범하는 것은 곧 터전을 내주는 일이다. 우리는 어떤 조직이나 기관을 남용함으로 터전을 내준다. 의심은 악한 마귀에게 터전을 내주게 될 것이다. 사탄이 주님을 의심하게 하려고 애쓰는 것도 바로 이 때문이다. "네가 만일 하나님의 아들이어든", 예수님께서 그 '만일'을 수긍하셨더라면 사탄에게 구세주의 삶에 있어서 터전의 중요한 부분을 넘겨주게 되었을 것이다. 만일 몰래 마귀가 우리로 하여금 하나님의 완벽한 신실하심과 선하심에 대한 의심을 죄가 아니라고 여겨 받아들이게 하였다면, 마귀는 곧 유리한 입장에서 더 넓은 터전에 그의 길을 닦는 것이다.

갈보리 십자가의 모든 열매에 온전히 동참할 우리의 권리를 주장할 때 그 터전은 제거된다. 우리는 반드시 의도적으로 승리의 터전 위에서 그리스도와 함께 서 있어야 하는 것이다. 또한 하나님께서 말씀하신 대로 죽음과 부활에서 우리가 그리스도와 하나 됨이 진리임을 확고히 붙들어야 한다. 우리는 사탄을 위한 모든 터전을 의도적으로 거절해야 한다. 또한 갈보리의 승리의 이름으로 잃어버렸던 터전을 되찾아야 한다. 우리는 예수의 이름으로 의로운 왕께 속한 터전을 고수해야 하는 것이다.

사탄은 거짓의 왕이다. 그는 찬탈자이다. 그는 우리에 대한 그의 권위를 거짓과 비진리에 근거하여서만 유지한다. 우리는 반드시 하나님의 말씀으로 이 거짓을 제거해야 하는 것이다. 우리는 "악한 자의 모든 불화살을 소멸할 수 있기 위하여(엡 6:16)" 전신갑주를 입어야 한다. 그것은 하나의 싸움이다. 바울은 말하기를, 우리는 보이지 아니하는 적들과 싸우고 있다고 하였다. 그들은 우리의 무장에서 어디가 약점인지를 금방 알아챈다. 그들은 우리의 체질적인 연약함 안에 적진을 만든다. 고린도후서 12장을 보라. 육체 안에 있는 바울의 가시, 사도는 그 가시가 그를 찌르기 위해 보냄을 받은 사탄의 사신이라고 말한다. 그들은 수천 가지 방법으로 우리를 방해하고 잡아맨다. 구주께서는 한 여인의 병을 치료해주시며 그 여인을 보고 "사탄에게 매인 바(눅 13:16)" 되었던 여인이라고 하였다.

그러나 우리는 그리스도에 동참한 자들이 되었고, 대적할 수 없는 주장과 피의 값을 주고 산 권리, 갈보리의 승리자와 하나가 됨으로부터 받은 영광스러운 권리, 완벽한 자유권을 모두 가지고 있는 것이다. 이것들은 때가 찼을 때 예수님께서 오셔서 선포하신 좋은 소식이 아닌가? 예수님께서는 포로로 잡힌 자들에게 자유를 선포하고 감옥을 열어 매인 자들을 풀어 놓지 않으셨는가? 십자가에서 "다 이루었다"고 부르짖지 않으셨는가?

그러나 그가 그러한 대가를 치르고 이룩한 구원의 효력은 얼마나 되는가? 자칭 그리스도인들이 가진 얄팍한 구원을 위해서였다면 주님께서는 그 대가를 치르지 않으셨을 것이다. 영광을 버리고 내려오심, 성육신의 무한한 겸손, 십자가의 고뇌 등을 치를 필요가 없으셨을 것이다. 그런 일부분의 구원은 갈보리의 승리를 대변하지 않는다. 사탄을 완전히 제압하지 않으면 사탄은 여전히 압제자이며 정신세계의 커다란 영역을 주도하는 존재로 남아 있게 된다.

그리스도인들이여, 일어나서 "통치자들과 권세"보다 훨씬 위에 계시며 하늘에 계신 그리스도와 자리를 같이하라. 공기를 들이마실 권리와 물을 마실 권리를 더 이상 빼앗길 수 없는 것이다. 그리스도인들은 그리스도의 몸의 지체이며 하나님의 말씀과 갈보리의 언약으로 인하여 그리스도께서 무덤에서 일어나 기업으로 받은 모든 것을 소유한 합법적인 소유자들이다.

하나님께서는 자기 아들을 죽은 자 가운데서 살리시고 그의 우편에 앉히셔서, 모든 통치자와 권세와 지배자들과 모든 세계의 어떤 이름보다도 뛰어나게 하셨다. 그리고 만물을 그의 발밑에 두셨다. 그리스도의 몸의 지체여, 그를 믿으며 포도나무이신 그분께 접붙임 받은 그리스도인이여! 예수님께서는 "내가 그들 안에 있고 아버지께서 내 안에 계시어 그들로 온전함을 이루어 하나가 되게 하려(요 17:23)"하신다고 말씀하셨다. 당신 역시 하나님의 우편에 함께 앉게 되었다. 모든 것은 당신의 발밑에 놓였다.

## 자유롭지 못한 자들을 위한 제안

자유로워질 권리를 주장하지 않겠는가? 그리고 이제 지겨운 멍에를 벗고 싶지 않은가? 갈보리의 승리를 기초하여 영이나 혼이나 몸 어느 것이든지 간에 모든 기능과 권능, 모든 삶의 국면을 사탄의 파멸시키며 무능력하게 만들어 죽이고, 또 저주하는 지배에서 벗어나게 하지 않겠는가? 그리하여 당신의 기능을 온전히 소유할 때, 거룩한 자유와 기쁨 가운데 하나님께 봉사할 수 있다.

많은 사람이 무의식적으로 원수에게 억압받는 노예가 되어 왔다. 그들은 사탄의 거짓말을 경청하며 소극적인 사람이 된 것이다. 소극성은 우리로 하여금 귀신의 교훈에 따르도록 한다. 영매는 수동적이 되어 '영'(악령)의 지배를 받는다. 가장 깊이 잠들어 있는 것을 깨우라. 그리고 죽은 자 가운데서 일어나라. 그러면 그리스도께서 당신에게 빛을 주실 것이다.

우리는 어떠한 기능도 방임해서는 안 되고, 하나님이 우리를 기계처럼 조정하시기를 기대하지 말아야 한다. 그리스도와의 연합에는 그런 의미가 조금도 들어있지 않다. 바울이 그랬듯 우리는 그리스도와 가장 깊은 연합에 들어간 후에 "난 그리스도와 함께 십자가에 못 박혔으며 그리스도가 내 안에 살아 계신다."고 말해야 한다.

우리는 수동적이어서는 안 되며 절제를 포기하거나, 이전에 행하던 방식대로 해서는 안 된다. 훌륭하게 인격이 다듬어지며 의지가 크게 강화될 것이다. 이성과 지혜가 신기할 만큼 밝아질 것이다. 기억이 뚜렷해질 것이다. 우리는 전과는 달리 선택과 의지, 생각과 행동에 있어서 자유롭다. 우리는 이제 하나님과 완벽하게 조화되어 행동한다. 그리고 모든 기능이 성령에 의하여 힘을 얻는다. 그것은 결코 수동적으로 흐르지 않고 또한 그럴 수도 없다. 만일 한 기능이라도 쓸모없어지고 소극적이 되어 사탄의 해로운 영향력 아래 빠졌다면, 그리스도의 이름으로 사슬을 끊고 내주었던 터전을 되찾고 하나님이 주신 우리의 모든 기능을 온전하게 소유하여 자유롭게 되자.

끝으로, 이미 취한 터전은 끝까지 지켜야 한다. 사탄은 언제나 더욱 교묘한 방법으로 다시 돌아오는 것이다. 심지어 주님의 경우에도 그러했다. 그러므로 우리는 언제나 반드시 싸울 준비를 갖추고 있어야 한다. 오늘날의 승리는 내일의 패배 원인이 될 수가 있다. 십자가에 못 박히지 않은 육적 생명은 원수를 이롭게 한다.

2차 대전 중에 미군 틈에 소수의 독일 스파이가 잠입해서 비밀리에 원수와 접촉한 일이 있었다. 그들이 발견되어 사살되지 않았다면 무서운 결과가 초래되었을 것이다. 육적 생명의 작은 구멍이 아무렇지 않아 보일 수도 있다. 그러나 어둠의 주관자들과 충돌할 때 그것이 갈보리의 라듐 광선으로 쏘여지지 않으면, 그 무방비 상태의 구멍으로 원수가 밀려들어올 것이다.

우리의 현대 신학은 다음과 같은 성경 표현의 사용을 금할지도 모른다. "마귀를 대적하라 그리하면 너희를 피하리라." 하는 말씀 말이다. 우리 시대 교회의 대체적 분위기는, 믿는 자들이 마귀의 간사한 꾀를 대항해 싸우는 것을 불안하게 한다. 그러나 냉엄한 삶의 전쟁에서 승리해 생명의 면류관을 쓰는 자는, 빛의 갑옷을 입는 법을 알고 어둠의 세력들에 맞서 싸우는 그리스도인임을 기억하라.

Chapter 8

# 그리스도의 고난이 우리의 고난이 되다

오직 너희가 그리스도의 고난에 참여하는 것으로
즐거워하라 이는 그의 영광을 나타내실 때에
너희로 즐거워하고 기뻐하게 하려 함이라

(벧전 4:13).

## 여러 번 강조되는 사실

'참여(participation)'라는 단어는 놀라울 정도로 신약에 거듭하여 나타난다. 우리가 그리스도께 참여한 자가 되었다는 말씀을 듣는다. 로마서 6장에서 우리는 그의 십자가가 우리의 십자가요, 그의 무덤이 우리의 무덤임을 이해하게 된다. 에베소서 2장에서 우리는 그리스도 안에서 죽은 자 가운데서 살아났고, 실제로 그리스도와 함께 하늘에 앉힌 사실을 알게 된다. 그뿐만이 아니다. 그리스도의 승리는 곧 우리의 승리임을 거듭거듭 확인 받는다. 그리고 언제나 우리는 갈보리 십자가와 그 십자가의 결과에 참여하기 때문에 "악한 자"를 이길 수 있다는 사실을 알 수 있다(고후 2:14).

그리고 이제 우리가 그리스도의 고난에 함께 참여한 자가 되었다는 신비로운 사실에 깜짝 놀라게 된다. 베드로는 이 사실을 기뻐하라고 명령한다. 그는 우리가 영광의 구주의 고통을 함께 나누도록 부름을 받았으니 기뻐하라고 한다.

그리스도의 고난에 참여하는 것으로 기뻐하라(벧전 4:13).

우리 안에 계시는 그리스도에 대한 교훈으로 유명한 바울은, 그리스도인으로서 그리고 사도로서 당하는 자기의 시련과 환난을 십자가에 비추어 해석하고, 그 속에서 그리스도의 고난을 보았다. 그는 골로새 교인들에게 편지하기를 "내가 이제 너희를 위하여 받는 괴로움을 기뻐하고 그리스도의 남은 고난을 그의 몸된 교회를 위하여 내 육체에 채우노라(골 1:24)."고 하였다. 그의 안에서 그리고 그를 통하여 고난당하는 분은 그리스도였다. 구주의 고난은 다 끝난 것이 아니다. 아직도 핏방울이 그의 이마에서 떨어지고 있다. 그렇지 않다면 세상이 지금과 같을 수 없고 그리스도가 지금과 같을 수가 없다.

이 고난을 희생 제물인 어린양으로서 당하신 그리스도의 대속의 고난과 관계된 것으로 생각해서는 안 된다. 그리스도께서는 죄를 감당하신 자로서 십자가에서 그 짐을 지신 것이다.

여호와께서는 우리 모두의 죄악을 그에게 담당시키셨도다(사 53:6).
오직 그리스도는 죄를 위하여 한 영원한 제사를 드리시고 하나님 우편에 앉으사(히 10:12).
이 뜻을 따라 예수 그리스도의 몸을 단번에 드리심으로 말미암아 우리가 거룩함을 얻었노라(히 10:10).
그가 거룩하게 된 자들을 한 번의 제사로 영원히 온전하게 하셨느니라(히 10:14).

그리스도께서는 이 우주적인 성취에 대해서 큰 소리로 "다 이루었다."고 부르짖으셨다.

## 다시 갈보리로

십자가에서 완성하신 이 일에는 아무것도 더할 수 없다. 우리는 이것에 어떠한 혼란스런 사상도 들어오게 해서는 안 된다. 구약과 신약에 계시된 진리 전체가 압도적으로 이 놀라운 사실, 그리스도께서 우리 죄를 위하여 죽으셨다는 이 장엄한 사실로 정리된다. 이것에 대한 우리의 해석이 불확실하다면 무한히 끔찍하며 치명적인 일이다. 바울이 "만일 누구든지 너희가 받은 것 외에 다른 복음을 전하면 저주를 받을지어다(갈 1:9)." 라고 부르짖은 데는 충분한 이유가 있다. 모든 인간의 소망의 근거, 즉 다가올 영원한 세계까지 이를 소망의 근거를 소홀히 여겨져서는 안 되는 것이다.

우리는 갈보리의 완성된 사역과 우리가 참여하는 그리스도의 고난을 혼돈해선 안 된다. 거듭 말하지만 그 절대적 성취에는 아무것도 첨가될 수 없다.

"내가 가진 것은 아무것도 없습니다. 다만 주의 십자가에 매달릴 뿐입니다."

죄를 위한 그 완전한 희생에서 우리가 할 일은 아무 것도 없다. 다만, 십자가로 말미암은 죄 사함을 받아들일 수 있을 뿐이다.

또한 이러한 그리스도의 고난과 그의 몸을, 로마서 6장에 제시되어 있는 사실, 즉 우리가 그리스도와 하나가 되어 그의 죽음에 참여한 그 객관적 사실과 혼동해서는 안 된다. 그것 역시 완성된 일이다. 우리는 그리스도께서 우리를 위해 죽으신 사실을 믿는 것과 마찬가지로 그 사실도 성취된 역사적 사실로 여겨야 한다.

우리는 그 '죽음에 하나 됨'에 대해서 다시 갈보리로 돌아간다. 우리가 하나님의 아들과 하나가 되어 죄와 옛 생명에 참여한 것을 하나님이 말씀하신 대로 믿고, 또한 하나님의 말씀을 근거로 옛 생명을 아무 힘이 없는 것으로 거부한다. 그때, 우리는 자아의 굴레에서 벗어난다. 옛 생명은 낡은 옷처럼 떨어진다. 이제 우리는 하나님께 대하여 산 자가 된다. 그리고 이제 이 새로운 신적 생명의 능력으로 그리스도의 고난에 참여한 필연적 결과가 다가온다.

이제 우리의 생명이 보좌로부터 나오기 때문에, 영적으로 우리는 하늘에 앉혀졌기 때문에, 이전과는 달리 우리와 그리스도가 하나이기에 우리는 우리 안에서 새로운 사랑의 영이 역사하는 것을 발견한다. 우리에게 강권하는 그리스도의 사랑은 필연적으로 큰 고난을 초래한다. 우리는 말로 할 수 없는 영의 신음으로 신음한다. 이마의 땀방울이 피로 변하도록 고뇌하며 기도하신 그 그리스도께서 성령을 통해 우리 안에서 우리를 통해 기도하시는데, 어떻게 우리가 기도할 때 이루 말할 수 없는 신음을 하지 않을 수 있겠는가? 주께서 기도하도록 하시지만 기도하는 것은 여전히 우리다.

우리 안의 그리스도께서 우리를 통하여 죽어가는 영혼을 찾으시는데, 구주의 사랑을 거부하는 사람을 보면서 슬퍼하며 괴로워하지 않을 수 있겠는가? 이 세상의 불의와 탐욕과 증오 때문에 심장이 터져 죽으신 그리스도가 우리 안에 함께 계시는데, 세상의 슬픔과 수치를 보고도 고통스러워하지 않을 수 있겠는가?

## 고난과 고통의 낙원

우리가 그리스도와 함께 하늘에 있으니, 그러므로 이제는 더 이상 고통이 없는 바보들의 낙원에 들어갔다고 상상해서는 안 된다. 사실은 그로 인해 우리가 고난을 이길 수 있는 능력이 수만 배로 증가한다. 우리는 "예수 죽인 것을 몸에 짊어지기(고후 4:10)" 시작한다. 괴테는 그의 세련되고 섬세한 시적 감각 때문에 단순한 고통에도 죽을 것만 같고, 그 여린 심령에게 세상의 죄와 슬픔을 접하는 짐이 너무나 컸다고 한다. 그렇다면 단순히 시적 영감에 의하여 다듬어진 차원이 아니라 갈보리의 그리스도와 하나가 된 영을 가졌다면 어떠하겠는가?

'인도의 기도하는 하이드'가 마침내 숨을 거두고 하늘의 거처로 갔을 때, 의사들이 그 시체를 검시한 결과 심장의 위치가 완전히 바뀌었다고 한다. 하이드의 기도 생활은 매우 강렬하여, 밤을 새워 주 앞에서 신음했고 죽어 가는 영혼 때문에 괴로워했다. 문자 그대로 그는 심장을 다 바쳐 기도한 것이다.

초대 그리스도인들이 당한 고난을 보라. 순교자들의 고통, 방탕에 깊이 빠진 온 인류를 진정으로 불쌍히 여기는 마음으로 구하라는 부름을 받은 선교사들의 해산하는 고통을 생각해 보라. 그리스도인들의 출산의 진통이 없이는 영혼의 거듭남이 있을 수 없다. 성인들의 시련과 고통을 보라. 1649년, 북미 인디언의 선교사 장 드 브레뵈프는 실제로 불에 타서 죽었다. 빨갛게 불이 붙은 석탄으로 서서히 고통을 더해 가며 불 속에서 죽음을 당했다. 그의 영이 얼마나 평온하고 긍휼함을 보였던지, 그가 죽자 인디언들은 "우리는 이 사람처럼 되고 싶다. 그는 신이다." 라고 말하였다.

결국, 갈릴리 사람 예수가 이긴 것이다. 그 고난당하는 성도를 지켜보면서 그들이 본 얼굴은 그리스도의 얼굴이었다. 그리스도가 그들의 심장을 다하게 했다. 갈보리가 재현되고 있었던 것이다. 우리는 그리스도의 고난에 동참한 자가 됨을 기뻐해야 한다.

나는 프란체스코의 피의 성흔 이야기, 즉 겸손하고 사랑스런 프란체스코와 거룩한 상처 자국의 이야기를 다시 읽고 있다. 어쨌든 나는 프란체스코의 상처를 믿기가 어렵지 않았다. 가톨릭 역사가들에 의하면 불을 가진 스랍이 나병 환자의 친구인 이 경건한 프란체스코의 몸에 찍어놓았다고 한다. 가톨릭 역사가들은 프란체스코는 손과 발에서 늘 피가 흘렀다고 한다. 그 위대한 아시시 사람의 몸에 그리스도의 상처가 재현된 것이다. 나는 어쨌든 프란체스코의 이 신비로운 상처를 의심하지 않는다. 그렇다고 내가 로마 가톨릭 신자는 아니다.

바울은 자신의 몸에 "예수의 흔적을 지니고 있노라"고 했다. 신비주의의 권위자인 프란체스코는 바울이 성흔을 체험했고, 구주의 상처들이 바울 안에 나타난 것으로 생각한 것 같다. 우리는 이를 정확히는 알지 못한다. 상처가 있었든 없었든, 바울은 그리스도의 죽음을 본받았다. 프란체스코에게 성흔이 있었든 없었든 그는 십자가에 못 박히신 그분의 형상을 지니고 있었다. 육체는 쓸모가 없다. 우리 모두 구세주의 형상을 지니고 있어야 한다. 우리는 그의 죽음을 본받아 살아야 한다. 그리스도 부활의 권능으로 우리는 그의 고난을 함께 누려야 하고 "그의 죽으심을 본받아(빌 3:10)" 한다.

그리고 하나님을 찬양할 것은, 이 고난에는 반드시 값진 열매가 있다는 것이다. 그리스도는 그 모든 열매를 우리의 것으로 돌려주신다. 그는 그 모든 것을 사용하여 포도나무 가지를 깨끗하게 하심으로 더 많은 열매를 맺게 하신다(요 15:2). 먼저 그리스도의 손을 거쳐서 우리의 영원한 이익에 보탬이 되도록 만들어지지 않으면 그 어떤 것도 우리에게 일어나지 않는다.

우리는 우리 몸에 주 예수 죽인 것을 짊어진다. 어째서인가?

예수의 생명이 또한 우리 몸에 나타나게 하려 함이라(고후 4:10).

우리의 외적 자아가 깨지지 않는다면 우리 속에서 어떻게 생수의 강이 흘러나오겠는가? 포도의 껍질을 벗기지 않고 어떻게 그 값진 포도즙을 얻을 수 있겠는가? 만일 우리가 예수님을 위한 삶을 살려면 자아의 껍질이 반드시 제거되어야 한다. 성령께서 우리를 죽음에 넘기시는 이유도 그 때문이다.

우리 살아 있는 자가 항상 예수를 위하여 죽음에 넘겨짐은 예수의 생명이 또한 우리 죽을 육체에 나타나게 하려 함이라(고후 4:11).

고통 당하는 영혼에게 이것은 얼마나 복된 메시지인가! 하나님의 자녀여! 고개를 들어라. 당신의 구원이 가까워진다. 당신이 고난이 헛되지 않다. 연단하는 불이 없이는 금이 나올 수 없다. 당신의 인내를 통하여 그리스도께서 영광을 받으신다. 여러 가지 시험을 당할 때에 그 모든 것을 기쁘게 여기라고 하셨다(약 1:2). 당신의 상처로부터 치료하는 생명(그리스도 자신의 생명)의 강이 흐른다. 이것이 그리스도의 몸을 성장하게 하고 덕을 세울 것이다. 당신의 고난이 당신이 그리스도와 함께 죽어 하나가 된 신분을 깊게 할 것이다. 밀알은 땅에 떨어져 죽어야 한다. 그러지 않으면 한 알 그대로밖에 되지 않는다.

· 너 곤고하며 광풍에 요동하여 안위를 받지 못한 자여 보라 내가 화

려한 채색으로 네 돌 사이에 더하며 청옥으로 네 기초를 쌓으며 홍보석으로 네 성벽을 지으며 석류석으로 네 성문을 만들고 네 지경을 다 보석으로 꾸밀 것이며 네 모든 자녀는 여호와의 교훈을 받을 것이니 네 자녀에게는 큰 평안이 있을 것이며(사 54:11-13).

그리스도의 고난이 우리에게 넘친 것 같이 우리가 받는 위로도 그리스도로 말미암아 넘치는도다(고후 1:5).

Chapter 9

# 그리스도의
# 다시 오심에 참여하다

우리 생명이신 그리스도께서 나타나실 그 때에
너희도 그와 함께 영광 중에 나타나리라

(골 3:4)

우리는 참여의 원리라는 순금의 깊은 맥을 아직 다 파헤치지 못했다. 어떤 의미에서, 참여의 모든 측면 가운데서 가장 중대한 것은 장차 올 그리스도의 나라에 관한 것이 될 것이다.

신약은 구세주의 오심이라는 위대한 사실에 대해서 아주 많이 말하고 있다. 성경은 우리 주님이 오실 때가 언제인지 모르기 때문에 깨어 기도하라고 말한다(마 26:41). 그가 나타나실 때 흔들리지 않고, 그가 오실 때 그 앞에서 부끄럽지 않기 위하여 그리스도 안에 거하라고 말한다(요일 2:28). 천사들이 승리의 나팔을 불며 나타날 것이고 사방에서 택한 자들을 모을 것이라고 또한 말한다(마 24:31).

## 너무나 어렵고 이해하기 힘든 이야기

재림 교리는 대중적으로 인기가 없을지 모른다. 그러나 그 문제에 관하여 우리의 사랑하는 주님은 어떤 말씀이나 교훈을 주셨는가? 그동안 재림의 진리는 남용되고 왜곡되어왔는지 모른다. 다른 진리와 균형을 이루지 못했을 수도 있다. 그러나 우리 주님의 말씀 가운데 오용되지 않은 말씀이 과연 있는가? 하나님의 그리스도의 좋은 제자들인 우리는 어떤 진리에 대해서도 감히 무관심할 수 없다. 주님은 결코 인간과 같이 말씀하지 않으셨다. 그러기에 그분의 입술에서 나온 말씀은 어떤 말씀도 소홀히 하면 반드시 우리의 영혼에 해롭다.

구주께서 거듭거듭 오류가 없는 말씀으로 다시 오신다 하셨고, 영감을 받은 성경 기자들도 한결같이 복되신 주님의 영광스러운 나타나심을 전한다. 모든 역사는 종말 사건을 향하여 움직이고 있다. 성경을 연구하는 사람이라면 그 누구도 이를 부인할 수 없다.

우리 구주의 말씀의 의미를 충분히 파악할 수 없다거나, 이 영광스런 나타나심이 함축하는 바를 정확히 이해할 수 없다는 이유 때문에 망설이고 있을 것인가? 이 큰 소망이 안겨 주는 위안을 받고서 기뻐하는 자들을 의심의 눈초리로 바라볼 것인가? 나타나심의 방식을 이해할 수 없다는 이유로 "그가 나타나시면 우리가 그와 같을 줄을 아는 것은 그의 참모습 그대로 볼 것이기 때문이니 주를 향하여 이 소망을 가진 자마다 그의 깨끗하심과 같이 자기를 깨끗하게 하느니라(요일 3:2-3)"라고 한 사도의 권고에 주의를 기울이지 않을 것인가?

구세주는 우리가 이해할 수 있을 때만 믿을 만한 분인가? 지적으로 납득될 때에만 따를 것인가? 우리의 지성이라는 것이 성육신, 나사로의 부활, 십자가, 빈 무덤, 승천, 죽음과 부활에 우리와 그리스도가 하나 됨 등보다 더 놀라운 것인가? 선지자들 중에서 누가 그리스도의 초림에 관한 계시의 의미를 충분히 이해하였는가? 그들은 조금도 이해하지 못하였다. 갈릴리에서 일어난 기이한 사건들 역시 세상 사람들의 귀에는 혼란스럽다. 고대로부터 그것을 기대했던 사람들이나 오늘날 그 성취된 예언들을 바라보는 우리나 모두 매한가지로 이해하기 어려운 사실이다.

나는 이해하지 못한다고 고백하기를 부끄러워하지 않는다. 그러나 나는 믿는다. 나는 죽음과 부활에 그리스도와 내가 하나 됨을 깨닫게 되었다. 갈보리의 승리의 열매들을 즐기게 되었다. 주님과 함께 하늘에 앉게 된 자로서 주님의 승천에 참여함을 배웠다. 십자가에 못 박힌 분을 따르는 자로서 나의 고난이 그의 고난을 채우는 것임을 알았다. 영원한 복음의 진정한 의도가 내 안에서 역사한다. 그러기 때문에 나는 전과는 달리, 나의 왕의 오심을 고대한다. 그 최고의 사건에 내가 함께 참여할 것인데 그렇지 않을 수 있겠는가?

## 끝나지 않은 그리스도의 사역

우리의 생명이신 그리스도께서 나타나실 때 우리도 그와 함께 영광 중에 나타날 것(골 3:4)을 명백히 배운다. 그는 우리를 빼놓고는 아무 일도 할 수 없다. 우리는 그의 몸이다. 참으로 놀라운 사상이다. 그리스도께서 우리를 그처럼 강한 끈으로 자기에게 붙잡아 매셨다. 누구도 자신이 손을 멀리 있다거나 가까이 있다고 말하지 않는다. 손은 자신의 일부이다. 어떤 일을 할 때 자기 몸의 지체를 모두 참여시키지 않는 사람은 없다. 거듭 말하지만, 그리스도께서 우리를 자신에게 영원하고 철저하게 붙들어 맸으므로, 우리는 그가 움직이실 때 함께 반드시 나타나야 한다. 물론 우리는 그와 함께 나타날 것이다. 우리는 그의 몸이므로 그러지 않을 수 없다. 교회는 영원한 하나님에게 접붙여졌기 때문에 그와 교회는 하나이다.

그리스도와의 연합이란 신비한 사실이며 말로 할 수 없는 영광이다. 그 연합은 우리에게 말할 수 없는 운명을 가져다준다. 우리는 이제 더 이상 우리가 천국에 갈 것인가 못 갈 것인가에 대하여 걱정할 필요가 없다. 그리스도가 천국에 계시지 않으면 거기에 가지 않을 것이다. 그리스도가 바로 천국이다. 그의 거룩한 얼굴빛은 아무리 희미할지라도 태양빛을 그림자에 지나지 않게 만들어버린다. 그 빛이 우리 마음을 충족시킨다. 바울은 실라와 함께 옥중에 갇혔을 때 밤중에 기쁨으로 노래하지 않고는 견딜 수가 없었다. 등은 채찍에 맞아 피가 흐르고 있었다. 밤중이었다. 옥에 갇혀 있었다. 그러나 그는 그리스도께 참여한 자로서 노래한다. 형언하기 힘든 하늘의 빛이 터져 나왔고 그는 그리스도 외에는 모든 것을 잊었다.

우리는 그리스도의 재림에 참여해야 한다. 우리는 위로 들려 올라갈 것이고 변화될 것이다. 불 병거가 순식간에 우리를 땅에서 쓸어갈 것이다. 그러나 아직 그리스도께 참여하는 원리 가운데 한 가지가 부족하다. 그리스도의 사역은 끝난 것이 아니다. 구속은 여전히 영아기에 속해 있다. 바울은 자연이 크게 탄식한다고 하였다. 어떤 저술가는 이것은 탄식의 삼위일체라고 하였다. 모든 피조물이 신음하고 있다. 성령도 탄식한다. 우리도 탄식한다. 무엇 때문인가? "우리 몸의 속량(롬 8:23)"을 위해서이다. 우리의 몸들은 변화될 것이다. 우리는 그리스도와 함께 영화롭게 될 것이다. 그의 몸이 영화롭게 된 것처럼 우리의 몸도 그 안에서 영화롭게 될 것이다.

무릇 흙에 속한 자들은 저 흙에 속한 자와 같고 무릇 하늘에 속한 자들은 저 하늘에 속한 이와 같으니 우리가 흙에 속한 자의 형상을 입은 것 같이 또한 하늘에 속한 이의 형상을 입으리라 형제들아 내가 이것을 말하노니 혈과 육은 하나님 나라를 이어 받을 수 없고 또한 썩는 것은 썩지 아니하는 것을 유업으로 받지 못하느니라 보라 내가 너희에게 비밀을 말하노니 우리가 다 잠 잘 것이 아니요 마지막 나팔에 순식간에 홀연히 다 변화되리니 나팔 소리가 나매 죽은 자들이 썩지 아니할 것으로 다시 살아나고 우리도 변화되리라 이 썩을 것이 반드시 썩지 아니할 것을 입겠고 이 죽을 것이 죽지 아니함을 입으리로다 이 썩을 것이 썩지 아니함을 입고 이 죽을 것이 죽지 아니함을 입을 때에는 사망을 삼키고 이기리라고 기록된 말씀이 이루어지리라 사망아 너의 승리가 어디 있느냐 사망아 네가 쏘는 것이 어디 있느냐 사망이 쏘는 것은 죄요 죄의 권능은 율법이라 우리 주 예수 그리스도로 말미암아 우리에게 승리를 주시는 하나님께 감사하노니(고전 15:48 - 57).

## 단 하나의 분명한 사실

우리는 인류 역사상 가장 엄청난 변화를 향해서 나아가고 있다. 우리는 독단적으로 되지 않을 것이다. 우리는 세대주의적인 진리 해석을 놓고 싸우지 않을 것이다. 그리스도인인 우리는 미래에 대한 말씀을 해석하는 방식에 대해서 극히 관용적이어야 한다. 어떤 이들은 커다란 환난의 그림자가 이미 우리 위에 드리워 있어서 우리는 언제고 들려 올라갈 수 있다고 믿는다. 다른 이들은 그 사건이 천년 동안은 일어나지 않을 수도 있다고 믿는다. 그럴 수도 있다. 그것은 아버지밖에는 모른다. 그러나 한 가지는 분명하다. 우리가 그리스도의 재림에 참여하게 될 것이라는 것이다. 우리에게 일어나지 않는 것은 그리스도에게도 일어나지 않을 것이다.

우리는 구속의 열매들에 더 많이 참여해야 한다. 우리가 그리스도와 같이 될 것인데 이는 그의 모습을 있는 그대로 볼 것이기 때문이다. 우리는 그와 함께 왕 노릇 할 것이다. 보좌와 어린양으로부터 흘러나와 우리에게 이르는 생명수, 지금도 우리의 깊은 곳에서 흘러나오는 "생수의 강"이 언젠가는 그 모든 둑을 넘쳐흘러서 사망을 삼키고 이기리라는 말씀 그대로가 이루어질 것이다.

우리가 그리스도와 함께 승천하는 것은 지금처럼 단지 영적으로만이 아니다. 승천에 참여하는 일은 마침내 이루어질 것이다. 그때 우리는 아버지의 나라에서 영원히 태양처럼 빛날 것이다.

> 또 내가 들으니 허다한 무리의 음성과도 같고 많은 물 소리와도 같고 큰 우렛소리와도 같은 소리로 이르되 할렐루야 주 우리 하나님 곧 전능하신 이가 통치하시도다 우리가 즐거워하고 크게 기뻐하며 그에게 영광을 돌리세 어린 양의 혼인 기약이 이르렀고 그의 아내가 자신을 준비하였으므로 그에게 빛나고 깨끗한 세마포 옷을 입도록 허락하셨으니 이 세마포 옷은 성도들의 옳은 행실이로다 하더라 천사가 내게 말하기를 기록하라 어린 양의 혼인 잔치에 청함을 받은 자들은 복이 있도다 하고 또 내게 말하되 이것은 하나님의 참되신 말씀이라 (계 19:6-9).

우리는 이렇게 기도 드리자.

"오, 하나님! 그리스도의 역사에서 아직 성취되지 않은 일에 참여하도록 올바로 준비할 수 있는 마음을 주옵소서. 우리는 새 사람들의 머리이신 분의 죽음에 참여하였고, 또한 그 안에서 부활하였고, 영으로 하늘에 앉힌 바 되었습니다. 이와 같이 교회가 나아가고 있는 최대의 사건인 어린양의 혼인 잔치에도 우리가 참여하게 될 것입니다. 그 이루 말할 수 없는 은혜를 인하여 감사드립니다."

Chapter 10

# 허드슨 테일러의
# 이야기

나는 예수님이 결코 나를 떠나지 아니하리라는 것을
알았을 뿐만 아니라, 나는 그 몸의 지체요
그의 살 중의 살이요 뼈 중의 뼈인 것을 알았습니다
- 허드슨 테일러의 편지 중에서 -

종교와 윤리 영역에서 어떤 원리의 가치는 그것이 삶에 미치는 영향에 의해 결정된다. 인간의 행복이 그의 측정 기준이다. 우리 삶을 고상하게 만드는 것인가, 깊은 영적 갈망을 채워주는 것인가로 결정된다. 그리스도와 우리의 관계가 단순한 '흉내 내기'가 아니라 '참여'라는 원리, 즉 그리스도인의 삶은 참여에 기초해야 한다는 것에 이 기준을 적용하면 그 원리의 가치가 더욱 강력하게 증명된다.

많은 사람의 전기를 연구하면서 나는 최근에 중국 내륙 선교회 창설자의 체험에서 이의 전형적인 사례라 할 수 있는 것을 발견하게 되었다. 바로 허드슨 테일러의 사례다. 그의 생애와 사역을 편견 없이 연구해본다면 반드시 그가 역사적으로 위대한 선교 개척자라는 결론에 이르게 될 것이다. 그의 업적은 거대하다. 중국이 외국인들에게 닫혀 있었고, 무지와 광신과 인종적 편견 때문에 중국으로 들어가려는 시도가 극히 위험하던 때에, 그는 중국 내의 거의 모든 큰 지방들마다 선교회의 연결망을 만들었다. 중국 내에 하나님 나라의 기초를 세운 이 겸손한 의사의 희생과 업적보다 더 놀라운 이야기는 교회사에서 찾아보기 어렵다.

## 그의 삶을 바꾼 것

그러나 허드슨 테일러가 언제나 승리한 것은 아니었다. 언제나 기쁨으로 믿음을 설파하지는 못했다. 물론 그의 생애 후반기에 그를 안 사람들은 그가 평생 그런 삶을 산 것으로 안다. 그는 선교사로서 이미 큰일들을 이루어놓았고, 또 고국의 교회에 큰 영향을 끼쳤고, 하나님의 사람으로 명성이 자자하고 많은 나라의 기독교 지도자들로부터 존경을 받았다.

그런데도 그는 사랑하는 사람들에게 보낸 편지에서, 자신이 영적으로 빈곤하다는 사실에 대한 마음의 슬픔, 영혼의 은밀한 고통을 쏟아놓고 있다. 그의 마음에는 숨겨진 질병이 있었다. 그는 은밀한 갈망으로 지쳐 있었다. 그는 바울과 같이 "오, 나는 곤고한 사람이로다 누가 나를 이 사망의 몸에서 건져내랴." 하며 부르짖었다. 그는 죄에 대한 승리를 갈망하고 있었다. 그는 갈등하고 고민하였다. 온갖 노력에도 불구하고 죄는 하나의 원리로서 계속 그를 주관하였다. 구주가 자신에게 이전처럼 실제적이지 않았다. 진정한 의미에서 그는 극복할 수 없었다. 주님을 흉내 내려고 가장 애를 쓴 사람이 있었다면 바로 그였다. 그러나 그 모든 노력이 소용없었다.

1869년 큰 변화가 일어났다. 그것이 어찌나 근본적이며 완전하고 강력하였던지, 테일러와 함께 일하는 동역자들도 모두 그 사실을 금방 알 수 있을 정도였다. 하나님의 생명의 물결이 그 선교회를 휩쓸었다. 그의 서신, 그의 설교, 그의 기도 생활, 그의 목적까지 그의 모든 태도에 새로운 빛이 발산되었다.

허드슨 테일러에 대한 저드 씨의 증언을 인용해 보겠다.

"그는 이제 기쁜 사람, 밝고 행복한 그리스도인이 되었습니다. 전에는 지금과 같은 영혼의 안식이 없어서 힘들어하고 부담스러워 하였습니다. 그러나 예수님 안에서 안식하면서 예수님이 일하시게 하는 것, 그것이 이제 모든 것을 변화시켰습니다. 그 후로는 그가 집회에서 설교할 때마다 새로운 능력이 그로부터 나오는 것 같습니다. 그리고 삶의 실제적인 일 가운데서 새로운 평화가 그를 사로잡았습니다. 그는 전처럼 어려운 문제 때문에 걱정하지 않았습니다. 그는 모든 것을 새로운 방식으로 하나님께 맡기고 더 많은 시간을 기도하는 데 바칩니다. 생명수가 그에게서 다른 이들에게로 흘러갑니다. 내가 그를 맞으러 갔을 때, 그는 어찌나 기쁨에 충만하였던지 나에게 어떻게 말해야 하는지도 모르는 것 같았습니다. 심지어 '안녕하십니까?'라는 인사조차 하지 않았습니다. 그는 뒷짐을 지고 실내를 왔다 갔다 하면서 '오, 저드 씨, 하나님께서 나를 새 사람으로 만드셨소! 나를 새 사람으로 만드셨소! 하나님이 나를 새 사람 되게 하셨단 말이오.'라고 하며 감탄했습니다."

이 위대한 변화는 어떻게 나타난 것일까? 1869년 10월 17일에 그가 누나에게 쓴 편지에서 무언가를 추측할 수 있다.

나는 영광스런 날의 여명의 첫 광선이 내게 비치는 것같이 느꼈습니다. 나는 떨렸지만 믿음으로 그것을 맞이하였습니다.

일에 대해서는, 나의 일은 결코 그렇게 많거나, 책임이 무겁거나, 그렇게 고된 것은 아니었습니다. 그러나 중압감과 부담감이 모두 사라졌어요. 지난달은 아마 내 생애에서 가장 행복한 날이었을 것입니다. 그래서 나는 누님에게, 주께서 내 영혼을 위하여 하신 일을 조금이라도 말하고 싶어 견딜 수 없습니다. 조금 더 과거로 거슬러 올라가면 더 분명하게 나의 변화를 설명할 수 있을 것 같습니다. 지난 여섯 혹은 여덟 달 동안 개인을 위해서나 선교를 위해서 더 많은 거룩과 생명과 능력이 필요함을 느끼면서 많은 생각을 했습니다. 그러나 개인적인 필요가 우선이었고 가장 큰 것이었습니다. 나는 하나님을 가까이 하지 않는 삶이 배은망덕이며, 위험하며, 죄라고 느꼈습니다.

나는 기도하였고, 고민하였고, 애를 쓰고 금식하였습니다. 해결책을 찾았습니다. 성경을 더 부지런히 읽었습니다. 묵상과 기도에 더 많은 시간을 드렸습니다. 그러나 아무 것도 효력이 없었습니다. 매일 거의 매시간 죄의식이 나를 눌렀고 매일 죄와 실패, 그리고 능력 없음이 느껴졌습니다.

그러다가 이런 질문이 떠올랐습니다. 구원 받을 길이 없을까?

이렇게 끝나야 되는가? 끊임없는 갈등과, 승리 대신 패배만 있어야 하는가? 어떻게 하면 나도, 예수님을 영접한 사람들 그들에게 하나님의 자녀가 되는 권세를 주셨다고 진실하게 설교할 수 있을까? 나 자신의 체험은 그렇지 않은데…….

 나 자신이 미웠습니다. 내 죄가 미웠습니다. 그러나 그것에 대항할 힘이 없었습니다. 나는 하나님의 자녀라고 느꼈습니다. 내 안에서 하나님의 영이 '아바 아버지'를 부르짖었습니다. 그러나 자녀의 특권들을 누리는 일에는 전적으로 무능하였습니다. 언제나 나는 내가 필요로 하는 모든 것이 그리스도 안에 있다는 것을 확신하였습니다. 그러나 그것을 어떻게 얻어낼 수 있는가 하는 것이 실제적인 문제였습니다. 나는 그 뿌리 되신 분께는 풍성함이 있다는 것을 잘 알고 있었습니다. 그러나 그것을 나의 작은 가지로 끌어올리는 방법이 문제였습니다. 내게 빛이 서서히 밝아옴에 따라서, 믿음이 유일한 전제조건이며, 주님의 충만함을 붙들어 내 것으로 만드는 손이라는 것을 알게 되었습니다. 그러나 나는 이 믿음을 가지고 있지 않았습니다!

 나는 그것을 가지려 온갖 노력을 다했습니다. 그러나 그것은 오지 않았습니다. 애를 썼지만 허사였습니다. 예수님 안에 있는 놀라운 양식, 우리의 귀하신 구주의 충만함을 알면 알수록 나의 무능과 죄는 더해가는 것 같았습니다. 성경 말씀대로 하나님을 받아들이지 않고 하나님을 거짓말쟁이로 만드는 불신앙의 죄와 비교하면, 내가 지은 범죄는 하찮은 것에 지나지 않았습니다. 불신이 세상의 큰 죄라는 생각이 들었습니다. 그런데 내가 거기에 빠져 있었습니다.

내 영혼의 고뇌가 극에 이르렀을 때 사랑하는 매카시로부터 온 편지의 한 문장이 내 눈에서 비늘을 제거했고, 하나님의 성령이 내가 전에 알지 못했던 그리스도와의 하나 됨의 진리를 보여주셨습니다. 매카시는 똑같은 실패감을 체험하였었지만, 나보다 먼저 그 빛을 보았던 것입니다. 그는 이렇게 썼습니다.

'그러나 어떻게 하면 믿음을 강하게 할 수 있을까요? 믿음을 가지려 애쓰는 것이 아니라 신실하신 분에게 의지해야 합니다.'

그것을 읽으면서 비로소 나는 "우리는 미쁨이 없을지라도 주는 항상 미쁘시니 자기를 부인하실 수 없으시리라(딤후 2:13)."는 말씀이 이해되었습니다. 나는 예수님을 바라보았고 "내가 너희를 떠나지 아니하리라(히 13:5)."라는 말씀이 이해되었습니다. 그때 얼마나 기쁘던지! 거기에 안식이 있었습니다! 나는 주님 안에 안식하려고 노력했습니다만 소용이 없었습니다. 이제는 애쓰지 않을 것입니다. 하나님은 나와 함께 거하시겠다고 말씀하시지 않았습니까?

그러나 이것이 제가 누님께 보여 줄 전부가 아닙니다. 반도 못 됩니다. 포도나무와 그 가지들을 생각했을 때 성령께서 내 영혼에 부어주신 빛이 얼마나 큰지……. 나는 예수님이 결코 나를 떠나지 아니하리라는 것을 알았을 뿐 아니라, 나는 그 몸, 그의 살, 그의 뼈의 지체인 것을 알았습니다.

나는 이제 알았습니다. 포도나무는 단순하게 뿌리가 아니라, 전부입니다. 뿌리, 줄기, 가지, 잎, 꽃, 열매, 그 모든 것입니다. 예수님은 그것만이 아닙니다. 그는 땅이요, 햇빛이요, 공기와 그늘이요, 우리가 꿈꾸고 바라고 필요로 한 것의 수천 배나 되심을 알았습니다. 이 진리를 아는 기쁨이 정말로 큽니다! 저는 누님의 눈이 밝아져서 그리스도 안에서 우리에게 값없이 주신 그 풍성한 것들을 알고 누리게 되기를 간절히 기도합니다.

**이제 우리의 주제와 직접 관련된 부분이 나온다.**

오, 내 사랑하는 누님, 부활하시고 높아지신 구세주와 하나가 되었다는 것이 얼마나 놀라운 일입니까? 그리스도의 지체가 되었다니! 그것이 함축하는 바에 감사합니다. 그리스도는 부하고 나는 가난할 수 있습니까? 내 오른손은 부요한데 내 왼손은 가난할 수 있습니까? 또, 몸은 굶주리는데 머리만 배부를 수 있습니까? 또 그것이 기도에 미치는 영향에 대하여 생각해보십시오. 은행 직원이 고객에게, "그 수표에 서명한 것은 당신 손이지 당신은 아니오." 또는 "나는 당신 손에게 돈을 내줄 수 없고 당신 자신에게 주겠소."라고 말할 수 있겠습니까? 누님의 기도나 제 기도가 일단 예수님의 이름으로 드려졌다면(우리 자신의 이름이나, 단순히 예수님을 위해서가 아니라, 우리가 그의 지체라는 것을 근거로 드려졌다면), 그것이 그리스도의 신용 한도 내에 있는 한 거부당할 수가 없습니다.

다른 부분보다 더 즐거운 부분이 있다고 할 수 있다면, 가장 즐거운 부분은 그리스도와 온전한 하나 됨이 가져다주는 '안식'입니다. 나는 이제 어떤 일에 대해서도 걱정하지 않습니다. 왜냐하면 주님은 그의 뜻을 실행하실 수 있고, 그의 뜻은 나의 뜻이기 때문입니다. 그가 나를 어디에 두든지 어떤 모양으로 두든지 문제가 되지 않습니다. 그것은 오히려 나를 위해서가 아니라 그를 위해서 고려되어야 합니다. 그는 가장 편안한 자리에서 나에게 은혜를 주시고 가장 어려운 곳에서도 그의 은혜는 족합니다. 내가 내 하인에게 가장 저렴한 물건을 사오라고 하든지 가장 값비싼 물건을 사오라고 하든지 간에 하인의 입장에선 차이가 없습니다. 그는 어느 경우에든지 나에게서 돈을 받아가 나에게 물건을 가져옵니다.

그와 마찬가지로, 하나님께서 나를 크고 복잡한 가운데 두셨다면 많은 안내자를 주시지 않겠습니까? 크게 어려운 상황이라면 많은 은혜를 주시지 않겠습니까? 압박과 환난을 크게 당하는 곳에서라면 많은 능력을 주시지 않겠습니까? 그의 자원은 나의 것입니다. 그가 나의 것이기 때문입니다. 그리스도와 믿는 자의 하나 됨에서 이 모든 것이 오는 것입니다.

나는 전보다 나아진 게 없습니다. 이렇게 말해도 좋을지 모르겠지만 어느 의미에서 나는 그걸 원치도 않고 애를 쓰지도 않습니다. 다만 나는 그리스도와 함께 죽고 장사 지낸 바 되었다가 다시 살아 승천하였습니다. 그리고 이제 그리스도께서 내 안에 사십니다. 이제 내가 사는 것은 나를 사랑하사 나를 위하여 자기 몸을 버리신 하나님의 아들을 믿는 믿음 안에서 삽니다.

나는 이제 죄에 대하여 죽었다고 믿습니다. 하나님은 나를 그렇게 여기시고 나에게 그렇게 여기라고 하십니다. 그가 가장 잘 아십니다. 나의 과거의 체험이 모두 그렇지 않다는 것을 보여 줄 수도 있습니다. 그러나 나는 이제 주께서 그렇다고 하시는 것을 감히 그렇지 않다고 말하지 않습니다. 나는 옛 것이 지나갔다는 것을 느끼고 압니다. 나는 여전히 죄를 지을 가능성을 가지고 있습니다. 그러나 그리스도가 전과는 달리 생생하게 인식됩니다. 그는 죄를 지을 수 없으시고 내가 죄를 짓지 않게 지키실 수 있습니다. 나는 내가 이 빛을 본 이후로는 죄 짓지 않았다고 말할 수는 없습니다. 유감이지만 그것은 고백하지 않을 수 없습니다. 그러나 그렇게 해야 할 필요가 없었다는 것을 느낍니다. 그리고 나아가, 더 많이 빛 가운데 행하면서 나의 양심은 더욱 민감해졌습니다. 죄를 당장에 고백하게 됩니다. 그리고 용서받습니다. 평화와 기쁨, 겸손이 즉시 회복됩니다.

## 원리를 깨달은 선고자

지금까지 테일러 박사의 서신을 길게 인용하였다. 그 이유는 그의 체험이 이 하나 됨의 원리가 가져다주는 헤아릴 수 없는 차이를 너무나 뚜렷하게 예증해주기 때문이다. 그는 무거운 짐을 진 그리스도인이었다. 그러나 이제 그는 기쁘고 승리하는 그리스도인이 되었다. 그는 옛 생명의 힘으로 그리스도처럼 되려고 노력하고 고민하던 그리스도인이었다. 그러다가 결국은 자기에 대해 완전 절망했다. 마침내 그는 죽음과 부활에 그리스도와 하나 된 자신의 입장을 깨달았다. 그리하여 새사람이 되었다. 그는 신적 생명의 밀물에 휩쓸리며 더 이상 기계적 의무감에서 봉사하는 것이 아니라 하늘 생명이 안에서 솟아올라 자발적으로 봉사하는 사람이 된 것이다.

이것은 하나의 전형적인 사례이다. 허드슨 테일러가 앞의 여러 장에 걸쳐서 우리가 제시하려 했던 원리의 힘을 상세하게 예증하려는 목적으로 편지를 썼다고 해도, 이보다 더 적절한 것을 제시할 수 없었을 것이다.

이 원리(죽음과 부활에 그리스도와 하나 됨)를 깨달은 것이 현대 선교의 개척자의 삶과 사역에 혁명을 가져왔다. 그리고 이 원리를 이해하고 신실하게 실행하는 곳은 어디든지, 즉 구주와 하나 됨이 실제 체험으로 이루어지는 곳은 어디든지, 그 사람이 미천하기 그지없는 믿는 자든 누구보다 위대한 기독교 지도자이든 상관없이, 동일하게 영광스러운 결과가 따를 것이다.

패배가 바뀌어서 승리가 되고, 영적 궁핍과 노쇠가 풍성한 은혜와 충만한 생명으로 바뀌게 될 것이다. 연약함이 능력으로 바뀌며, 기계적으로 그리스도를 흉내 내려고 노력하던 것이 즐겁게 저절로 그리스도의 신적 생명에 참여하는 것으로 바뀔 것이다. 그리스도인의 삶과 섬김이 부족하다는 생각에 시달리던 것이, 완전히 충분하신 그리스도와 연합됨을 인하여 영광스럽고 충분한 것으로 변화될 것이다. 고린도후서 9장에서 나오는 그 놀라운 약속이 성취될 것이다.

> 하나님이 능히 모든 은혜를 너희에게 넘치게 하시나니 이는 너희로 모든 일에 항상 모든 것이 넉넉하여 모든 착한 일을 넘치게 하게 하려 하심이라(고후 9:8).

Chapter 11

# 교회, 선교, 기도에 영향을 주다

내가 그리스도와 그 부활의 권능과 그 고난에 참여함을
알고자 하여 그의 죽으심을 본받아 어떻게 해서든지
죽은 자 가운데서 부활에 이르려 하노니

(빌 3:10 - 11)

## 교회에 영향을 주다

우리가 지금까지 살펴본 신분은 혁명적인 것으로, 그리스도인 삶의 모든 부분이 근본적으로 재조정되어야 한다는 것을 부인하지 않는다. 이전과 달리 옛 것은 지나가고 모든 것이 새롭게 되었다. 그리스도인은 "새로운 피조물"이 되고 옛 생명은 그리스도의 십자가로 죽었다. 십자가에 더 깊이 참여할수록 부활의 능력에 더 깊이 참여하는 결과를 가져온다. 그러한 지위가 눈에 보이는 조직체인 교회와 그리스도인의 관계에도 당연히 영향을 주어야 한다.

어떤 의미에서 그것은 우리를 괴롭게 한다. 그리스도의 신비한 몸인 참된 교회에 대한 관심이 매우 깊고 절실하기 때문에, 그는 사람들로 조직된 눈에 보이는 교회로부터 떨어져 있음을 느낀다. 자아 생명에 대해 죽음으로, 그는 자아 생명에 의하여 자라난 모든 것에 대하여 죽는다. 이 말은 눈에 보이는 조직체로 간주되는 교회가 성령과 일치하지 않는 한(아무리 경건한 종이라도 교회 생활의 많은 면이 성령과 일치하지 않는다는 것을 부인하지 못할 것이다.), 또한 투기와 종파적인 탐심과 차별과 바르지 못한 교리, 반감

등을 드러내는 육적 생명에게 기회를 주는 한, 다시 말해서 교회가 그리스도의 마음을 표현하지 못하는 한 교회는 그 믿는 자의 마음을 사로잡지 못한다. 믿는 자는 교회 안이든 밖이든 육적 생명의 모든 모양에 대하여 죽은 것이다.

이제 우리는 그리스도에게 매인 끈이 매우 강하기 때문에 교파와 상관없이 동일하게 귀한 믿음을 누리는 모든 자와 연대가 됨을 발견한다. 예를 들어, 감리교도가 회중교회나 침례교회, 장로교회 교인을 편하게 만나는 것이다. 그는 자기 교파에 속한 이들에게서 경험하는 것만큼 깊고 보배로운 영적 하나 됨을 그리스도에게 뿌리내린 다른 교파 성도들에게서 체험하게 된다. 이제 그것은 교회법의 문제가 아니라, 생명의 문제이다. 신적 생명의 파도가 교회의 높은 장벽을 무너뜨릴 정도로 높기만 하면, 교파의 높은 장벽은 사라진다. 죽음과 부활에 그리스도와 하나 됨을 깊이 깨닫고 또 교파와는 상관없이 자신과 같이 천국 생명을 받은 사람들과 하나 됨을 깨닫고 나면, 특정 집단에 속하면서 그 집단에 얽매이지 않게 된다.

물론 이 말은 우리가 어떤 것을 선호하지 말아야 한다는 의미가 아니다. 더 이상 침례교나 장로교도, 루터교도가 되는 것을 중단하라는 의미가 아니다. 차라리 프랑스인, 영국인, 미국인, 독일인이기를 중지하는 편이 더 나을 것이다. 유기적인 연합을 말하는 것이 아니다. 유기적인 연합은 우리가 말하는 종류의 연합을 이룰 수 없기 때문이다. 또한 이미 존재하는 교단 사이의 차이가 이를 분열시킬 수도 없다.

우리는 그리스도와 함께 하늘에 앉혀졌다. 그리고 이 높은 곳에서 성 위에서 인생을 내려다보면서, 그 작은 문제들로부터 우리는 자유롭다는 것을 인식한다. 인종적 편견이 더 이상 우리에게 영향을 미치지 않는다. 계급 차별은 없어져 버렸다. 파벌이 더 이상 우리의 공감을 살 수 없다. 우리에 관한 한 우주의 큰 불화 세력(모든 죄의 어머니)이 아무것도 아닌 것이 되었다. 그리스도의 십자가는 우리를 위하여 새롭고 조화 있는 세계를 창조하였다. 우리의 사랑(우리를 강권하는 그리스도의 사랑)은 모든 인간의 행복을 위한 갈망에서 흘러나온다. 아가서의 사랑하는 자, 즉 그리스도께서 이렇게 말씀하신다.

나의 사랑, 나의 어여쁜 자야 일어나서 함께 가자(아 2:10).

물론, 이제 우리는 교회 의식들에 의지하지 않는다. 나는 특정 교회의 형식을 지키지 말라고 말하는 것이 아니다. 그 의식들 나름의 의미가 있다. 은혜의 방편들은 언제나 중요하다. 우리가 그것들을 의지하지 말자고 말하는 것은 그 상징을 그것이 상징하는 것으로 보지 말자는 의미이다. 예를 들어, 세례는 내적 혁신(inner renovation)을 상징하는 것으로 하나님께서 정하신 의식이다.

> 너희가 세례로 그리스도와 함께 장사한 바 되고 또 …… 그 안에서 함께 일으키심을 받았느니라(골 2:12).

세례는 믿는 자가 그리스도의 죽음에 영적으로 참여함을 나타내는 방법이다. 또한 그리스도와 함께 부활했다는 상징이다. 그러나 만일 이 영적 연합이 실현되지 않았으면(온전히 그리고 다시 돌이키는 것이 불가능하도록 그리스도께 드리지 않으면 그런 영적 연합은 결코 이루어질 수 없다.), 감히 어떻게 형식들에 안주하겠는가? 바울이 말한 것처럼, 만일 율법을 범함으로 유대인의 할례가 무할례가 된다면, 그리스도인이 그리스도와의 연합 원리를 깨뜨리는 것이 마찬가지로 그의 세례를 무효화한다고 할 수 있지 않겠는가?

> 살리는 것은 영이니 육은 무익하니라(요 6:63).

남편이 창녀와 함께 살고 있는데, 그 아내가 결혼반지나 결혼식, 법적 인증서 등을 생각하며 만족할 수 있겠는가? 친교, 신실, 사랑, 순결과 같은 영적인 하나 됨을 당당히 요구하지 않겠는가? 우리가 영으로 그의 것이 아닌데, 하늘의 신랑이 의식이나 형식, 무의미한 상징만으로 만족하겠는가? 그는 우리를 그와 함께 십자가로 데리고 가서 자아 생명을 영원히 멸절시키셨다. 또한 그와 그의 권속들 사이를 이간하는 모든 것을 다 십자가에 못 박았다. 그리하여 그는 거룩하고 영적인 결혼으로 그들을 자기 자신과 연합하게 하셨다. 어떻게 우리가 그에게 겉치레만 드리고 실제는 드리지 않을 수 있겠는가?

> 그러므로 먹고 마시는 것과 절기나 월삭이나 안식일을 인하여 누구든지 너희를 폄론하지 못하게 하라 이것들은 장래 일의 그림자이나 몸은 그리스도의 것이니라(골 2:16 - 17).

## 선교에 영향을 주다

그리스도와 하나 되는 신분이 갖는 효과가 가장 많이 언급되고 있는 곳이 선교와 선교 노력의 분야이다. 내가 죽음과 부활에 그리스도와 하나 됨의 원리를 직접 시험해 본 분야도 바로 이 분야이다. 그 결과가 너무나 압도적으로 만족스럽고, 그 영향이 크고, 무한히 반복되었기 때문에 십자가의 능력을 체험하기 이전의 세월은 거의 헛된 것으로 여겨질 지경이었다.

나는 불확실한 걸음을 내딛었다. 불확실한 목표를 겨누고 있었다. 또한 불확실한 무기를 사용했고, 지나치게 불만족스런 결과들을 축적했다. 이제 나는 내 노동의 많은 부분이 불만족스러웠을 뿐 아니라, 몹시 해로웠다는 것을 알게 되었다. 나는 자아에서 나온

열정의 힘으로 그리스도를 전하였고, 그리스도를 죽이는 결과를 가져왔다. 그것은 그리스도께서 자신을 나타내실 기회를 주지 않았다. 그리스도는 그리스도를 중심으로 하고, 그리스도가 소유하며, 그리스도께서 능력을 주신 생명의 힘으로 전파되어야 한다.

메시지를 전달하는 자가 그리스도와 함께 하나님 안에서 감춰지기 전에는, 말하는 자가 메시지를 전하는 것이 아니라 그리스도께서 그를 통하여 말씀하시기 전에는, 그리스도가 진정으로 전파되는 것이 아니다. 메시지를 전하는 사람은 자신을 구주의 상처 속에 묻어야 한다. 다시 말해서 자기 자신의 생명에 대해 죽어야 한다. 그래야 죽어가는 영혼들에게 사도들과 같은 방식으로 그리스도를 전하게 된다. 생명수가 메시지에 수반되어야 한다. 듣는 자가 하나님의 생명 속에 파묻혀야 한다. 그래야 하나님의 그리스도가 평가받을 기회가 생기고 그의 참된 영광이 보이게 된다. 복음이 하늘에서 내려온 성령의 능력으로 전파되지 않으면, "율법 조문"에 아무리 충실하다 할지라도 그것은 전혀 복음이 아니다.

*율법 조문은 죽이는 것이요 영은 살리는 것이니라*(고후 3:6).

전 세계의 기독교 지도자들은 오늘날 선교가 위기를 만났다는 것을 뼈저리게 인식하고 있다. 반세기 전만하더라도 승승장구했던 그 기세는 사라져버렸다. 선교에서 사도행전에서 보는 것 같은 일이 재현되지 않는다는 보고가 곳곳에서 들어오고 선교사들 자신도 그렇게 고백한다. 구세주께서 지상 명령을 내리신 이래 지금처럼 광범위한 선교 기구가 있었던 적이 없었다.

그러나 선교는 이교주의의 옛 생명의 힘을 깨드리지 못하고 있다. 개종자들은 그리스도로부터 능력을 받아 그리스도가 중심이 된, 그리스도께 소유된 그리스도인이 아니다. 하나님의 은혜로 주어지는 하늘 생명의 기쁨으로 빛나지 않는다. 물론 예외적인 선교지도 있다. 그러나 세계 선교를 전체적으로 볼 때 퇴조를 보이는 것은 엄연한 사실이다.

모든 문제의 핵심은 우리가 십자가를 높이지 않았다는 데 있다. 물 탄 복음이 이교도 땅에서 잘 먹혀 들어갈 수도 있다. 그러나 그것은 비싼 값으로 갈보리 십자가에서 구속 역사를 이루신 그리스도께 충분한 결과를 가져오지 못한다. 또한 이교의 강력한 세력을 이길 수 없고, 그들의 능력을 파할 수도 없고, 하나님의 은혜의 구속하는 능력을 그들의 땅에 작용하게 할 수도 없다. 영혼을 내적으로 십자가에 못 박은(옛 생명의 죽음) 체험과 그리스도와 연합의 결과로 영광스런 부활에 이르게 하는 복음만이 유일하게 그런 일을 할 수 있다.

새신자가 그리스도와 내적 연합을 체험하지 않으면(그 연합은 오직 십자가를 기초로만, 즉 옛 생명을 그리스도와 함께 죽음에 처하게 할 때만 가능하다.), 제 아무리 그리스도를 본받으려고 애를 쓰고, 교회의 형식과 기독교 문화로 '옛 사람'을 잘 치장한다고 해도 말이다. 그런 가짜 그리스도인의 삶은 아무리 진실해 보여도 조만간 비기독교 지역에 찾아올 긴장 속에 무너져 내리고 말 것이다.

### 기도에 영향을 주다

이 신분을 '함께 못 박힘(Co-crucifixion)'이라 할 수 있는데, 이 '함께 못 박힘'에 비추어 기도를 생각해 보면, 기도가 먼저 이 기초 위에서 제자리를 찾는 것을 알게 된다. 기도는 다른 어떤 것도 아니라 교제다. 그리고 참된 교제는 하나님과 교제할 수 없는 옛 생명이 죽을 때에만 가능하다. 옛 생명은 그리스도 안에서 정죄를 받고 잠재적으로 죽었다.

많은 사람들이 기도가 그렇게 불만스러울 수가 없으며, 기도생활이 그렇게 흥미롭지 못한 이유는 그들이 하늘에 속한 기도 세계를 옛 사람의 힘을 가지고 들어가려 하기 때문이다. 이 "옛 사람"은 "육신에 속한 것이 아니요 오직 어떤 견고한 진도 무너뜨리는 하나님의 능력"인 이 병기를 사용할 수 없으며, 따라서 원수를 사랑하는 것, 항상 기뻐하는 것, 그리스도 예수의 마음을 갖는 것 등의 그리스도인의 은혜를 실천할 수 없다.

옛 사람이 이러한 은혜를 흉내는 낼 수 있을지는 몰라도 실제로 소유하는 일을 전혀 불가능하다. 이러한 은혜들은 성령의 열매다.

그것들은 위로부터 온다. 그것들은 믿는 자에게 부여되고, 또 십자가를 기초로 즉 그리스도의 죽음에 참여함으로 옛 본성을 제거함을 통하여 믿는 자 안으로 들어온 그리스도의 본성이 역사함으로 나타나는 것이다.

진정한 기도는 오직 "함께 못 박힘"을 기초로 하여 시작될 수 있다. 이것이 가장 중요한 조건이다.

너희가 내 안에 거하고 내 말이 너희 안에 거하면 무엇이든지 원하는 대로 구하라 그리하면 이루리라(요 15:7).

우리는 반드시 그리스도 안에 있어야 한다. 우리가 구주의 죽음의 능력에 옛 생명을 넘겨 죽이지 않으면, 우리는 가장 온전한 의미에서 그리스도 안에 있을 수가 없다. 죽음과 부활에 우리가 그리스도와 하나 됨을 깨달을 때, 기도가 구주의 삶에서 발견되는 그 기이한 능력이 되고, 사도행전에 나타난 그 대적 불가능한 동력이 되며, 모든 시대 성도들이 겪은 말로 할 수 없는 체험이 된다.

그때 우리의 영은 십자가의 능력으로 인하여 육적인 것과 혼적인 것들로부터 해방되어 독수리처럼 날개를 치며 올라가게 된다. 그때 영원에 거하시는 무한히 경배를 드려 마땅한 분과의 교제가 자발적이고 자연스럽게, 또 온전히 이루어지게 된다. 그때가 되면 "쉬지 말고 기도하라."는 명령이 더 이상 이해할 수 없는 명령이 아니다. 갈보리의 승리를 온전히 힘입어 육적 생명의 요새로부터 풀려나고 사탄의 모든 압박에서 벗어난 영은 일어나, 그리스도와 함께 하늘에 앉기 때문이다.

기도는 거기서 하나님의 생명을 끊임없이 받아들이는 것이다. 그때 기도가 살아계신 하나님의 성령으로 능력을 받아(그 일은 모든 자아적 요소로부터 해방되기 전까지는 불가능하다.) 때로는 말할 수 없는 탄식이 되고, 산을 옮길 수 있게 되고 불가능을 가능하게 하는 것이 된다. 그때 기도가 하나님의 뜻을 실천하는 것이 되어, 아무리 어려운 문제도 아무리 큰 필요도 해결할 수 있게 된다. 주께서 기도에 관해 말씀하신 것과 수많은 사람의 실제 기도 사이에 존재하던 엄청난 불일치가 제거된다.

그리하여 기도가 본래 모습을 찾아 꽃 피게 된다. 십자가에 비추어, 그리고 구주의 죽음과 부활에 우리가 참여한 것에 비추어 기도를 생각해보면, 교회의 위대한 기도 용사들이 이룬 업적으로 크게 놀라지 않게 된다. 허드슨 테일러와 몇몇 동역자들은 중국에 1,000명의 사역자가 들어오기를 바라고 기도하였다. 그 결과 주님은 1,000명을 주신 것이 아니라 11,154명을 보내주셨다.

브리스틀의 조지 뮬러는 고아들을 위하며 수백만 달러를 기도의 응답으로 받았다. 데이비드 브레이너드는 뉴일글랜드의 숲 속에서 그가 사랑하는 인디언들 가운데 대부흥이 일어날뿐 아니라 전 세계에도 영혼의 큰 수확이 있기를 기도하였다. 그리하여 선교사 역사가들에 의하면 그것이 현대 선교의 큰 장을 여는 데 가장 큰 동인이 되었다. 그러한 업적들은 주 예수와 그의 부활의 능력을 알았던 사람들, 바울처럼 주와 함께 그의 고난에 동참하여 "그의 죽으심을 본받은 (빌 3:10)" 사람들의 삶과 사역에 넘칠 정도로 많았다.

많은 나라를 비관의 어두운 구름 속에 가두어 놓은 경제적, 재정적, 도덕적 문제를 비롯한 세계의 위기는, 결국 교회의 영적 침체에 기인한 것이 아니겠는가? 교회는 열방의 구속을 위한 하나님의 기구이다. 열방은 도덕적 영적 생명력의 발전을 그리스도와 그의 교회에 절대적으로 의존한다. 그 생명력이 없으면 개인과 국가 모두 썩은 시체의 냄새를 풍기게 된다. 그러므로 국가들의 현 상태는 바로 그 조직화된 기독교의 상태를 보여 주는 확실한 지표이다. 문명이 곧 몰락한다는 것 때문에 사람들의 마음이 공포에 떨고 있는데, 이것은 성령께서 사람들의 마음에 일으키는 신적 감화에 의하여서만 극복될 수 있다.

또한 이것은 역사가 명백히 보여 주는 바와 같이 열방을 혼란에서 건져내어 새로운 활력과 희망을 가지게 한다. 언제나 그래왔듯이 이 시대의 절박한 필요는 사람들의 마음에서 이기심이라는 괴물을 쫓아내고 열방의 삶에 수문을 열어 그리스도의 사랑이 자유롭게 전파되게 하는 것이다. 열방을 치료할 다른 방법은 없다. 개인에게도 다른 소망은 없다. 그러므로 순전한 기독교가 들어 설 자리를 내어 주어야 하지 않겠는가? 우리가 우리 자신의 생명을 자발적으로 내어드리지 않는 한, 그리스도께서 우리를 소유할 수 없고, 주께서 약속하신 생명수가 우리 마음에서 흘러나와 치유하고 새롭게 하고 변화시키고 능력이 넘치게 하실 수 없다.

    그리스도는 자아라는 옛 초석 위에 자기의 집을 짓지 않으신다. 그것은 특정한 부분에서 우리 자신을 부인하는 것이 아니라, 우리 자신을 완전히 버리는 것이다. 그리스도는 우리를 데리고 십자가에 못 박히셨다. 이른바 아담의 생명은 갈보리에서 죽었다. 우리 주님은 우리를 위한 사랑이 너무도 컸기 때문에, 기꺼이 사람들에게 침 뱉음을 당하며, 군중이 조롱하는 가운데 두 강도 사이에 매달리셨고, 비천한 존재처럼 발로 밟히셨다. 그 사랑을 생각할 때 십자가에 못 박힌 분에게 기꺼이 굴복하여 응하지 않겠는가? 주님은 우리가 그의 십자가에 함께하도록 하신다. 그는 자신의 죽음에 참여함으로써, 우리를 하나님과 원수가 되게 하는 육적 마음에서 떠나게 하신다. 우리는 그의 죽으심과 합하여 세례를 받았다(롬 6:3).

    만일 우리가 그리스도를 따르는 자라면, 그리스도가 죄에 대해 죽으신 것은 우리가 죄에 대하여 죽은 것이 되고, 그의 부활은 우리의 부활이 되고, 그의 승리는 우리의 승리가 되고, 그의 승천은 우리의 승천이 된다. 하나님께서는 우리가 온전한 기업을 주장할 수 있도록 은혜를 주심으로 우리가 넉넉히 이길 수 있게 하셨다.

능히 너희를 보호하사 거침이 없게 하시고 너희로 그 영광 앞에 흠

이 없이 기쁨으로 서게 하실 이 곧 우리 구주 홀로 하나이신 하나님께 우리 주 예수 그리스도로 말미암아 영광과 위엄과 권력과 권세가 영원 전부터 이제와 영원토록 있을지어다 아멘(유 1:24 - 25).

## 사명선언문

너희가 흠이 없고 순전하여……세상에서 그들 가운데 빛들로
나타내며 생명의 말씀을 밝혀 _ 빌 2:15-16

**1. 생명을 담겠습니다**
만드는 책에 주님 주신 생명을 담겠습니다.
그 책으로 복음을 선포하겠습니다.

**2. 말씀을 밝히겠습니다**
생명의 근본은 말씀입니다.
말씀을 밝혀 성도와 교회의 성장을 돕겠습니다.

**3. 빛이 되겠습니다**
시대와 영혼의 어두움을 밝혀 주님 앞으로 이끄는
빛이 되는 책을 만들겠습니다.

**4. 순전히 행하겠습니다**
책을 만들고 전하는 일과 경영하는 일에 부끄러움이 없는
정직함으로 행하겠습니다.

**5. 끝까지 전파하겠습니다**
모든 사람에게, 땅 끝까지, 주님 오시는 그날까지
복음을 전하는 사명을 다하겠습니다.

## 서점 안내

| | |
|---|---|
| **광화문점** | 서울시 종로구 새문안로 69 구세군회관 1층<br>02)737-2288 / 02)737-4623(F) |
| **강남점** | 서울시 서초구 신반포로 177 반포쇼핑타운 3동 2층<br>02)595-1211 / 02)595-3549(F) |
| **구로점** | 서울시 동작구 시흥대로 602, 3층 302호<br>02)858-8744 / 02)838-0653(F) |
| **노원점** | 서울시 노원구 동일로 1366 삼봉빌딩 지하 1층<br>02)938-7979 / 02)3391-6169(F) |
| **일산점** | 경기도 고양시 일산서구 중앙로 1391 레이크타운 지하 1층<br>031)916-8787 / 031)916-8788(F) |
| **의정부점** | 경기도 의정부시 청사로47번길 12 성산타워 3층<br>031)845-0600 / 031)852-6930(F) |
| **인터넷서점** | www.lifebook.co.kr |